滚蛋吧！职场混蛋！

如何识别和应对
"有毒"的同事

〔美〕泰莎·韦斯特 著

冯郁庭 译

U0669194

JERKS AT WORK:

TOXIC COWORKERS AND WHAT TO DO ABOUT THEM

北京科学技术出版社

Jerks at Work: Toxic Coworkers and What to Do about Them

Copyright © Tessa West 2022

This edition published by arrangement with Portfolio, an imprint of Penguin Publishing Group, a division of Penguin Random House LLC.

Simplified Chinese edition copyright © 2025 Beijing Science and Technology Publishing Co.,Ltd.

著作权合同登记号　图字：01-2024-3101

图书在版编目（CIP）数据

滚蛋吧！职场混蛋！/（美）泰莎·韦斯特著；冯

郁庭译 . -- 北京：北京科学技术出版社，2025.

ISBN 978-7-5714-4259-0

Ⅰ . C912.11-49

中国国家版本馆 CIP 数据核字第 2024SE5768 号

策划编辑：周　浪	电　　话：0086-10-66135495（总编室）
责任编辑：田　恬	0086-10-66113227（发行部）
责任校对：贾　荣	网　　址：www.bkydw.cn
图文制作：沐雨轩文化传媒	印　　刷：北京顶佳世纪印刷有限公司
责任印制：李　茗	开　　本：880 mm×1230 mm　1/32
出 版 人：曾庆宇	字　　数：210 千字
出版发行：北京科学技术出版社	印　　张：9.25
社　　址：北京西直门南大街 16 号	版　　次：2025 年 2 月第 1 版
邮政编码：100035	印　　次：2025 年 2 月第 1 次印刷
ISBN 978-7-5714-4259-0	

定　　价：69.00 元

北科读者俱乐部

感谢我的家人，

杰伊、马蒂、杰克、安妮，我的父母还有我的弟弟贾斯汀，

感谢你们给了我无私的关怀和支持。

感谢我的学生和长期合作伙伴，

和你们的合作让我知道，

和对的人一起工作可以如此幸福，有创造力。

过往的每一天我都在感叹，

天啊，我实在是太幸运了。

目 录 ▼

没人教但你要懂的职场生存法则

「职场人际关系一定有风险，
不要等到身心都被消耗殆尽时
才开始反击。」

❝ 如果月底前我没有让销售业绩翻倍，莎夏肯定会狠狠修理我一
顿。她刚刚还在我们团队面前，说了她对我有多么失望。"安
妮在酒吧里一边喝着打折的鸡尾酒，一边跟前同事卡尔文聊着过
去两个月发生的事情。

安妮进这家公司之后，没过多久她的老板戴维就去亚洲处理
供应链的问题了，没办法长时间待在纽约的办公室里。因为事发
突然，也没什么时间找代理人，他就让莎夏暂时主掌公司事务。

虽然莎夏没有特别突出的才能，但公司的很多事务她都能处
理。莎夏在纽约办公室工作了十年，对公司的大小事都了如指掌。
公司里很少有人能像她一样，既清楚地知道该派哪位业务员与客
户共进晚餐，也熟知电梯故障的处理方式。

她还是个对钱特别敏感的主管，任何有可能增加公司成本的

细节都不放过。她会花好几个小时仔细研究预算表，这里删一点，那里减一点。同事们纷纷抱怨她大刀一挥，就砍掉了公司购买胶囊咖啡机的预算；而戴维不插手这件事，因为公司能多省下一些开支他当然也乐得开心。戴维在亚洲待得越久，莎夏就越全面地掌控公司大权：先是接管了所有小规模的预算决策，接着慢慢插手人员招聘及升迁等事务，最后连销售团队都不放过，把大家搞得人仰马翻。

莎夏就是那种在职场上令人恼怒的恐怖人物，她会在团队面前羞辱某位成员，也会插手任何琐事，甚至会反复地改变已经决定的事情，种种行为都让工作团队感到无所适从。开会时，莎夏的反应经常让人难以捉摸，上一秒还笑着称赞，下一秒就突然破口大骂，而且她身上总是散发着一股浓重的香水味，安妮只要和她共处一室超过十分钟，就会感到头痛。

以前因为有戴维监督着，莎夏表现得亲切迷人，甚至几近谄媚讨好。她曾传了一封电子邮件给安妮，写道："我很荣幸能与你共事，相信我能从你身上学到很多，希望能向你看齐，我们可以每周安排一次培训课程吗？"可从戴维不再要求莎夏每封邮件都抄送给他之后，安妮就再也没有收到过这类邮件了。

现在戴维已不在纽约办公室，莎夏更是显露出她可怕的真面目。

像许多职场混蛋一样，莎夏最开始也只是借一些小事当众诋毁安妮，以损害安妮的声誉。安妮每周都会与自己的销售团队开会，大约一个月后，她注意到莎夏总在会议结束前五分钟偷偷溜进会议室。

"安妮，你好啊！可以给我几分钟，让我和你的团队聊聊吗？"她怯怯地问道。

等安妮走远听不见了，莎夏就会质疑安妮所做的各种决定或她提出的想法，还会直接在她的下属面前贬低她的专业能力。莎夏会说"我很了解那个客户，比安妮厉害多了，他才不会接受这个提案"这类羞辱人的话。不仅如此，莎夏也会故意散布种种和安妮有关的谣言和假消息，似乎想借此跟安妮的团队拉近关系。

更夸张的是，莎夏只因为想给安妮下马威，就自行删减了安妮的各种经费，比如把伙食津贴从每天45美元，降到每天40美元。不过，有时候莎夏也会突然增加经费，这全都随她高兴。

莎夏十分傲慢，又有强烈的嫉妒心，生怕别人胜过自己，所以每个细节都要插手的情况越来越严重。每次安妮想自行做出某项决策，莎夏就会一再提醒她："戴维要我监督公司的一切事务。"有一次原本只需要微调的预算却遭到莎夏大砍。现在安妮做起事来束手束脚，只要没有经过莎夏同意，她就不能签署销售合同。

这样的管理方式难免招致不满，有关莎夏的流言蜚语纷纷出现。莎夏变得越来越偏执，甚至把那些对她有异议的人通通开除了。她就像是个对人民失去控制力的独裁者，大肆清除异己，只为了巩固自己的权力。莎夏还曾把一群人叫到她的办公室，直接将他们全部开除，以这种方式大刀阔斧地解雇了大批员工。虽然安妮向她的团队成员保证会尽可能保护他们，但她其实不太有把握自己真的保护得了。大家时时刻刻都处在紧张状态，公司里弥漫着焦虑不安的气息。大家不再关心进步，就算交出了漂亮的销售成绩也不会像以往那样大肆庆祝一番，中午更不可能有心情聚餐，只希望能顺利撑过一天算一天。

很多同事都像卡尔文那样赶紧跳槽了，他们不想继续待在这种水深火热的职场环境中。安妮则选择留下来，虽然想保持积极乐观的心态面对这一切，但日子一天比一天难熬。

这段时间安妮曾多次试着联系戴维，但戴维可能忙于处理亚洲那边棘手的状况，她大多数时候都只能收到系统自动回复的邮件。终于，安妮好不容易等到了一个在半夜两点能跟他开一场视频会议的机会，但戴维看起来疲惫不堪，于是她原本已经到了嘴边的重话也说不出口了，只大致讲了一下现在的情况。

戴维回应道："我知道莎夏处理事情的手段比较强硬，但她真的为公司付出了很多。我现在只能尽可能让你不必和她接触。"戴维还说了些安慰和鼓励安妮的话，要她坚持下去，等亚洲供应链的问题解决，他就马上回去。

大多数人看到这里，心中应该都会出现"安妮到底在想什么啊？怎么还不辞职！"这样的想法。以旁观者的角度来看，安妮应该和卡尔文一样，在莎夏掌权之后趁早溜之大吉。然而，在这家公司工作是安妮梦寐以求的，她没办法轻易放弃。每次安妮快要撑不下去的时候，戴维都会告诉她，莎夏只是暂时代理公司事务，等他回去后情况就会好转。安妮就这样不断说服自己"再忍一下就过去了"，而不愿诚实面对自己，最终才落入这般境地。而且，安妮也不想适应新工作，她只想安安稳稳地在一家公司工作到退休。当初来面试时，面试官也跟安妮许诺，她有机会在这家公司安稳工作到退休，这家公司的理念就是希望员工待得越久越好，公司高层也不想白白失去好不容易培养出来的人才。

安妮真的把这番话听进去了，她有什么理由不相信呢？只是这样的深信不疑，使现在的她因为压力过大而病痛缠身，身体每况愈下。她从去年起出现血压飙升的问题，睡眠质量也变差了，原本可以睡足八小时，现在睡不到五小时就会醒来。安妮还放弃了以前养成的良好饮食习惯，而选择热狗和啤酒这类高热量食物来解压。她甚至连外表也出现了变化：发量变得稀疏，眼部肌肉还会不由自主地抽动；此外，她只要一躺下就四肢发麻。安妮应该还有酗酒问题，但她不愿承认自己对酒精上瘾。

酒保走了过来，安妮低头看着桌上的樱桃甜酒。这家昏暗、潮湿的廉价酒吧聚集了这一带被工作压得喘不过气的上班族，他们只能无力地喝着闷酒，连聊天都提不起劲。现在，安妮也变得如此意志消沉。

"安妮，坦白说，"卡尔文说道，"你明明是高级休闲服饰品牌的销售副总监，现在却像个忙于制止斗殴的狱警，这对你来说可不是个好现象。"

卡尔文跳槽已经 6 个月了，看上去容光焕发、神采奕奕，他跟这家酒吧里阴沉的上班族就像分属于不同世界。卡尔文现在在一家原公司的竞争对手公司工作，下午会一边悠闲地享用燕麦奶拿铁，一边与老板分享瑜伽技巧。他浑身散发着优越的气息，这让安妮想起了大学时，有些人比较早完成期末考试，就会在图书馆前打排球，嘲弄图书馆里拼命读书的学生，并且表现出高人一等的姿态。

可他说得没错。

"你还不明白吗？"卡尔文继续说道，"戴维不一定知道公司有哪些员工，也可能没办法马上说出去年的营收数额，但莎夏对这些清清楚楚，没人比莎夏更了解公司的各种细节，所以戴维非常依赖她，更不可能解雇她。莎夏肯定会一直留在那家公司。"

很多人都有过这种经历，在职场上受了同事或主管的气，进而影响自己的身心健康。面对这种情况，有些人可能跟朋友吐苦水、减少工作场合非必要的社交，或跟其他同事抱怨，希望自己的心声能借此传到老板的耳里。

有些意气用事的人会直接跟对方起正面冲突，但逆耳忠言可能不仅会让对方挂不住面子，还会让彼此之间的摩擦愈演愈烈，最后两败俱伤。正面迎战不见得会出现你想要的结果，你还有可能因此被打压得更加严重。此外，老板通常无暇或无力处理这些琐碎的人事关系，如果对方是老板的得力助手，那么老板根本不敢拿他们怎么样，所以你也求助无门。有些人则非常害怕在职场上与人起冲突，光是想到冲突就会紧张到双腿发软。

如果直接与对方摊牌了还是沟通无果，那就只能尽量避开接触了。我曾任职于一家实行弹性工作制的公司，我会特别错开那些讨人厌的同事的上班时间，减少与他们碰面的机会。这虽然会牺牲一点睡眠时间，但至少能换得几小时的内心清净。

我相信并不只有我会这么做。

幸好，现在你有机会不再只能被动闪避，而能主动出击脱离职场混蛋的魔掌，也不用再因为工作中遇到的各种糟心事，把自己的生活搞得一团糟。本书能让你了解那些在职场上做出不良行为的人的动机，并提出基于研究的有效策略，让你在这些令人头痛的人把你的精力消耗殆尽前，采取强而有力的行动。

作为一名社会心理学家，我研究人们如何沟通已经近二十年了。我归纳出了一些谈判协商和团队合作技巧，以及能帮助你有效争辩并脱离苦海的策略。在我的研究过程中，我针对人际互动所引发的压力进行了测量，发现这种源自人际互动问题的压力实在不容小觑，不仅会严重影响个人的身心状态，还很容易在无意中传递给他人。

如果没能好好处理职场上的人际冲突，累积的怨气就会逐渐影响到生活的各个层面——有些人会把压力带回家，波及身旁的伴侣和孩子，破坏家庭关系的和谐。因此，我希望能借助社会科学的方法提出冲突的应对管理技巧，助你妥善处理职场纠纷，让初入职场的新人和经验老到的高阶主管都能受益。

如何阅读这本书？

▼

面对职场上令人崩溃的同事和主管，只有知己知彼才能百战不殆。也就是说，得先了解这些令人头痛的人到底在想什么、他们行事的原因、怎么挑选欺负的对象、为何能不受约束并仗势欺人、有没有幕后指使者以及幕后指使者获得了哪些好处。

本书归纳整理出了职场上常见的七种令人头痛的人，好让你分析自己遇到的是哪种类型的人。

职场混蛋
媚上欺下讨厌鬼
功劳小偷
职场恶霸
搭便车惯犯
什么都要管大师
搞不清楚状况老板
职场心理操纵者

媚上欺下讨厌鬼

这种人一心想往上爬，会为了上位而不择手段，对上司阿谀奉承，但对下属或者同事就百般刁难。

功劳小偷

职场上爱抢功劳的人很多，不过你通常难以在事前察觉到蛛丝马迹，因为这些人往往是你身边很受人信任的同事或职场导师，大家平时就像朋友般亲近友好。然而，很多时候这些人看似好心相助，其实只是想分一杯羹；当你的想法足够好，他们就会背叛你的信任，剽窃你的想法；大家一起努力完成的大案子，却被他们拿去跟老板邀功；你以为主管想好好栽培你才委以重任，他却总是将你呕心沥血做出来的成果全部拿走。他们就像披着羊皮的狼。

职场恶霸

这类人通常是资深员工，他们拥有丰富的经验、人脉和内幕情报，因此不在乎展示自己的"飞扬跋扈"，在很多时候甚至连老板都管不了他们。他们会越过上级向更高层的管理者展示个人能力，期望获得赏识以获得更多权力，然后仗着自己有靠山，就越级掌控公司的各种决策权。说实话，很多工作场合很看重这种"领导行为"——会哭的孩子有奶吃，但对我们这些被迫和这类混蛋一起工作的人来说，在这个人达到目的之前，工作进度往往会停滞不前。

跟这种人一起工作，最麻烦的地方在于凡事都要按照他们的意愿行事。

搭便车惯犯

职场上总会有想要不劳而获、只会白白坐享他人努力成果的人。他们善做表面功夫，老板在的时候表现得特别努力，其他时候则浑水摸鱼，事情都选轻松的做。团队之中如果大多数的人都很有责任心，愿意为团队的荣誉尽心尽力地完成工作，就很容易出现这种坐享其成之人。这种人大都很讨人喜欢也很友好，让其他人很难公开指责他们。他们是空手套白狼的专家。

什么都要管大师

这种人如果做了主管，就会插手下属的所有工作细节，而这样紧迫盯人的管理方式不仅让人很有压迫感，还会让人觉得不被充分尊重及授权。这类人之所以会这么做，有些是因为他们以前就负责你现在这个职位的工作，而现在还不肯交出权责；有些则是认为这种管理方式能让下属的工作绩效更高（当然自己的成绩也会更好）。不过，他们没办法紧盯每一个人，所以通常会一个个轮流追踪下属，没有轮到你的时候，几天甚至几周没有跟你讲上一句话都是有可能的。

搞不清楚状况老板

不少人都有在职场被上司无视的经历，有些是因为上司不善于管理时间，自己忙得晕头转向没空理你；有些是因为他们只会提拔重视自己的心腹。这种主管或老板平时很少与你接触，却总在最后时刻跳出来给你一堆意见，那种事情无法由我们自己掌控的感觉往往让人倍感焦虑。这些混蛋是最难对付的类型之一。

职场心理操纵者

这种人会使用操纵、欺骗以及控制等手段让被害者质疑自己面对的现实情况与自我价值，失去对现实的评判能力。有些加害者会时不时给受害者一点甜头，让受害者觉得自己特别受青睐，不但不会觉得遭到操控，反而觉得自己是心甘情愿的；有些则会一步步孤立受害者，胁迫他们违背良心帮自己做些不道德的事，借此掩盖某些真相，或达成自己的目的。

本书章节并不连贯，你可以分开阅读，也可以依照自己遇到的情况，参考上述内容，直接跳到你想了解的章节阅读。不过，我在讲某一类型的人时，偶尔也会提到其他类型的人，所以按顺序阅读每个章节可能更好，你能更清楚了解他们的相似和相异之处，而且很多策略其实都是通用的，不是只针对某一种人有效。

希望本书能成为你的职场自救指南。每当工作上遇到什么恼人情况、理智濒临崩溃时，你都可以再回头翻翻这本书。职场新人和职场"老鸟"读这本书时肯定有不同的感悟。多年之后你有了更丰富的职场经验，届时可以重读一遍本书。伴随着阅历和心境的不同，你将有许多不同的收获与新的理解。

破除职场混蛋的迷思

▼

我听过太多有关与职场混蛋相处的迷思与误解，很多人被误导，没办法真正地面对核心问题，所以我们得先揪出那些阻碍你前进的错误观念。

错误观念一：
工作经验不足的人才会深陷这些问题之中。

很多来找我咨询的人都已踏入职场多年，他们都觉得自己这样很没面子——已经在职场打拼了这么多年了，却还是处理不好这些人际关系的问题。很多资深员工都只是"做得久"，并不代表他们一定很擅长处理人际关系问题。

一个人无论学历背景有多高、资历有多深，还是不免会遇到这些问题，因为化解冲突的能力并不一定与在职场工作的时间成正比。

职场人际关系不仅影响个人职业生涯的成败，也相当影响公司的发展。然而很多公司并不重视这部分，领导和管理培训课程大多只着重讨论哪些事情该做、哪些不该做，几乎不会把重点放在改善人际关系这门复杂的学问上，也没有教我们如何处理人际冲突，所以大多数人其实都欠缺经营职场人际关系的基本常识。

不过，从现在开始学习，便是改变的开始，这一点也不晚。

错误观念二：
职场小人都是那些没本事的人。

"某某自己工作能力差，出于眼红才这样折磨我。"

我经常听到这样的说法，靠贬低或诋毁对方来让自己好过一点，认为对方是因为能力不足、嫉妒心作祟而故意刁难自己。这样的想法很可能变成自我安慰的鸵鸟心态，并不能真正解决问题。况且，职场小人其实是有他们的厉害之处的，只是厉害用错了地方。

职场小人大多有高明的交际手腕，很懂得如何经营人脉，若是小看了他们，最后吃亏的往往是自己。希望本书能帮助你不再用贬低或诋毁对方的方式来安慰自己，而是在了解他们的思路后以智取胜。

错误观念三：
上司对下属之间发生冲突毫不在意，所以放任不管。

很多时候并不是上司不在意或不想管，而是他们不具备处理下属间人际冲突的能力，即使他们有心想化解冲突，也不知道从何着手。对许多主管而言，常常是因为其工作表现优异（当然有些人得到晋升更多的是因为机遇或背景），进而被提拔为主管的，但这并不代表他们就已经具备了领导能力。

有时候上司自己有很多工作要做，实在忙不过来，对他们来说，这些都是小事，下属就自行解决吧，他们还有一大堆需要优先处理的事务。抱着多一事不如少一事的心态，上司会当作没事发生，非到必要关头不会出手介入。一旦主管表现出这样放任不管的态度，工作团队里就会出现很多不思进取的人，因为他们知道那些工作能力强的人除了会做好自己分内的事，还会将他们的工作一并完成。长此以往，尽职尽责的员工会发现，自己明明做了很多工作，最后得到老板奖励的却是其他人。

还有些职场小人平时下了很多功夫讨好老板，所以深受老板信任，在公司内说话也很有分量。因此，出现人际冲突时老板会认为由他们来沟通处理就好。莎夏就是这样，靠着平时的累积而深受器重，在老板暂时离开岗位的这段时间，公司变成了她的主场，老板放手让她全权处理公司事务，就算她快把公司毁了也没人管得了她。

我们容易将问题归咎于上司放任不管，但这也不是解决之道。通过本书，我希望能让大家不再沉溺于指责、怪罪他人的受害者情绪中，而是去思考管理层的人为什么会这么做。他们可能一直采取错误的管理方式而不自知，或者当初也是这样被对待一路走上来的，还有些人本身就缺乏沟通协调的能力。理解上司行事风格背后的因素，学会换位思考，更能帮助自己获得上司的信任与青睐，他们也更有可能在你遇到冲突时出手相救。

过去总是想尽办法对职场混蛋避而不见，如刻意错开上班时间，怕在电梯里遇到对方而宁愿爬楼梯，明明不是你做错事却还要表现出畏畏缩缩的心虚模样，读完本书后你就不必再过这种日子了。希望你能从本书中学到一些与职场混蛋打交道的技巧，在面对冲突时更有底气。如果你能事先预测对方的行为并拟定策略，问题就会变得更容易解决，而且你也比较不会感到焦虑、无助。

根据我多年研究人际互动的观察，我了解到一件很重要的事：如果没有掌握经营人际关系与沟通的技巧，我们就永远不可能从各种职场人际困境中脱身。

也就是说，工作中难免有冲突，只要好好沟通处理，是有机会化敌为友，并与对方建立更牢固的关系的。我很希望大家不要落得和安妮一样的下场，工作做得不开心时，不是只有继续忍耐或辞职走人这两种选项，你其实还有别的选择。平时维系好自己在职场上的人际关系，必要时也能适时寻求他人协助，让自己可以在职场上过得更加如鱼得水。

聪明的人会选择多交盟友，将与同事之间的关系经营好，这在职场上肯定是对自己有正面帮助的。即使你现在结交的盟友只是身边的平辈同事也没关系，他们也有机会帮助你向上拓展人际资源。我认为除了深耕已经建立起的关系，还要向外拓展人脉网的广度，这些没有很亲密但范围较广的联结，会使你拥有一群在必要时最有可能帮上你忙的人。

对已经被孤立或是刚入职场的人来说，经营自己的职场人脉或许没那么容易，我会针对这个方面提供一些建议。研究调查指出，有 70% 的受访者表示，他们在工作中感到愉快，最主要是因为在职场上拥有朋友。然而在你有难时，一旦牵扯到工作绩效与个人发展，你那些所谓的职场"朋友"通常也帮不了你。

有些人看到这里或许有点心虚，不禁想到自己曾有过前面提到的恶劣行径，那也没有关系，放心读下去吧，本书绝对会让你有意想不到的收获。说实在的，人性本来就有自私善妒的一面，我们内心深处多多少少会有些邪恶贪婪的念头，这都是很正常的。其实在我决定写这本书的那天，我一不小心也成了一个讨人厌的职场混蛋。

那时我刚经历了一连串烦心事，终于有时间喘口气，打算乘地铁前往纽约皇后区参加一个孩子的生日派对。地铁上我心烦意乱地喝着罐装的玫瑰酒——我刻意买了罐装的，为的是让人觉得我是在喝高级气泡水，而不是在地铁上大口喝酒。

过去一周我并不好过。

我当时负责办公室搬迁这项大工程，我们公司几十年来都没有换过办公地点或翻新过，而这次也只是要搬到同栋大楼的不同楼层。

我和同事乔恩花了几个月的时间来回讨论搬迁计划，终于准备好跟大家报告之后的各种流程安排。大约有一半的同事出席了会议，剩下的同事中大概有 8 人通过视频参加会议——他们的脸尴尬地填满屏幕画面（这是 2020 年前发生的事，所以大家都还没掌握参加视频会议的诀窍）。

我们知道同事们多少会有些惴惴不安，为了消除大家的疑虑，我们在计划报告中详细列出了办公室搬迁会如何改善大家的工作环境——新的办公空间更宽敞舒适，采光和照明都有所提升。大家不是都困扰于桌上总会堆满天花板掉落的灰尘吗？以后再也不会有这种问题了。

然而，根本没有人关心这份计划报告。

大部分人从一开始就不懂为什么办公室要搬迁，他们不太想参与搬迁计划；有些人因为计划经过太多次改动而开始感到不安，随之而来的愤怒之下隐藏着担忧；有人甚至在视频镜头前喊道："我们为什么要换办公室？我喜欢现在的地方！"那仿佛是来自深渊的绝望呐喊。

面对大家的反对，我浑身的刺都竖起来了，一心只想坚持照计划进行，而不去管任何人的感受。我内心想着，枉费我花了如此多心思规划，结果还饱受质疑，真是吃力不讨好。最后我气愤地离开了会议室。

我边喝着玫瑰酒，边反思自己的行为。我突然发现，自己在无意中成了职场恶霸，仅因为自己投注了好几个月的心力在搬迁计划上，就硬要求别人都要按照自己的计划行事。虽然没有直接叫大家闭嘴，但我确实表现出了这样的态度。

我一心想完成眼前的任务，力求表现，却因此变得视野狭窄，只注意自己的计划能否顺利进行，而没有站在同事的立场上设身处地地为他们着想——很多同事都在这个环境工作了十年，甚至二十年，突然换环境难免会让他们产生抗拒。

另外，换环境也存在着很大的不确定性，他们无法预知未来每天的工作环境会变成什么样，原本同事之间已经发展出一套办公室相处模式，知道怎么尽量避开跟自己不对付的人，但搬到新办公室之后可能又要重新摸索。这种自己无法掌控且充满不确定性的事情，对他们而言实在是一大折磨。

幸好我意识到了自己的恶霸行径，还有机会用本书会介绍到的一些策略进行补救，因为这件事而闹僵的同事关系也能及时修复。我慢慢开始愿意多聆听大家的想法，给予所有人发表意见的机会，并尽可能了解他们最担心遇到的问题。我和乔恩让每个人都参与这个会对他们未来工作产生影响的重要决策，决策权不再只掌握在某个人手上。如此一来，让大家参与规划自己未来的工作环境，大大减轻了他们对未知和改变的恐惧感。在这个过程中，很多重大决策都是以投票表决的方式做出的。我希望能通过公平的决策机制让大家心服口服。这种方式虽然需要花更多时间，也很考验耐心，但能让搬迁进行得更加顺利也值得了。最后，大家都很满意新的办公环境。

当时我坐在地铁上喝着玫瑰酒，那次如噩梦般的会议历历在目，而我不想再纠结于这些懊悔的情绪，于是赶紧从包包里翻出纸笔，下定决心开始写这本书。我还记得下笔时，身旁坐着一个穿得像猫王一样浮夸的男人，正在听着皇后乐队的摇滚乐曲。

第一章

媚上欺下讨厌鬼

『一心想往上爬，会为了上位而不择手段。』

第一次见到戴夫是在一场非正式的面谈中，我的上司玛丽邀请他共进午餐。我当时在一家高档百货公司工作，而戴夫刚从其他分店调来我们这里支援。戴夫身材高挑、时尚有型，有着一头浓密的头发，一口整齐利落的胡子。听说他销售技巧高超，在之前那家店卖出了非常多的鞋，公司还因为他的优异表现而送了他一辆车。

通常在这种面谈中，大多数下属都会想尽办法表现，期许给上司留下好印象。然而，这天的状况正好相反，玛丽被戴夫迷得神魂颠倒，完全没有问他与工作相关的问题，反而没完没了地说赞美的话。

玛丽滔滔不绝地说："休斯敦分店的人都对你赞不绝口。"戴夫则故作谦虚地回道："这绝对不是我一个人的功劳，因为我们很重视团队合作，能有这样的成绩都要归功于整个团队的贡献。"

　　后来玛丽要我和另外两名销售人员约戴夫一起去吃饭，我们去了一家好吃的意大利餐厅。餐厅空间真的很小，小到里面只容得下六个人用餐。餐厅服务员安排我们坐的四人桌小得像两人桌，我们也没得选，只能硬着头皮挤在那张小桌子旁。戴夫抢先入座，紧接着将手边那套餐具推到对面，迫使我们三个人只能坐在他对面，就如合议庭上三位法官坐成一排那样，只是我们坐得比法官拥挤多了。"我想跟你们对坐，这样说话时才能看着你们。"戴夫微笑着说。他的双手和双脚都能自在地舒展开来，我却要挤在两个男人中间，尽力缩着身体。更恼人的是，我是左撇子，生怕自己会干扰到旁边的人用餐，所以根本没办法好好放松吃饭。

　　用餐的一开始大家与戴夫聊得还算愉快，每个人都想听听他以前的丰功伟绩，以及他是如何频创销售佳绩的。聊到后来，我们渐渐不再说些恭维的话，只想跟他像朋友一样相处，而非崇拜者。此时的戴夫就像变了一个人，讲话尖酸刻薄、傲慢无礼。因为曾在纳帕（Napa）参加过为期三周的侍酒师课程，他就大肆质疑餐厅里真正专业的侍酒师，还因为甜点匙不是他想要的尺寸而多次要求更换。

　　在正式上班的第一天，戴夫在分店经理面前表现得让人倍感亲切，有自信却不傲慢，并且会耐心地指导销售新人如何乘胜追击让顾客在原定的消费外购买其他更高价的同类商品。不过，分店经理前脚一走，戴夫的表现就完全不一样了。

有次我无意间听到他对某人说："真搞不懂泰莎怎么连鞋拔子都用不好。"他总会暗地里说些令人无比难堪的话。

后来，戴夫变本加厉，不仅会去抢别人的客户，还擅自调动储藏室里鞋子的摆放顺序（他坚称休斯敦分店都是这样摆放的），让其他人找不到顾客要的鞋子。我们一致认为他把最常被试穿的42码的鞋子都藏了起来，故意让我们没办法做生意。

在我们这一行，如果有人业绩特别好，消息就会不胫而走。有次我去跟玛丽报告这个月的业绩情况，还没来得及开口，她就兴高采烈地对我说："戴夫真的太棒了！不仅销售能力强，还对同事们赞不绝口，说自己很高兴能在这个团队中和大家一起努力。"玛丽一直以来都具备一双火眼金睛，能一眼识破那些喜欢惹是生非和抢人业绩的人，但她这次完全被蒙在鼓里。在她眼里，戴夫是如此完美，既擅长与顾客打交道，又与同事相处融洽。

戴夫的行为就是典型的媚上欺下。他在分店经理面前总是表现得平易近人且机灵聪明，他的销售业绩确实也不错，不可否认他有两把刷子。然而，他私底下却会为了抢同事业绩而不择手段。我在被戴夫言语讽刺又抢走业绩后产生了很强烈的挫败感，可那些主管却都不知道他的真实面目。

我认为我必须有所行动了。

赢者全拿

▼

像戴夫这样媚上欺下的人基本都很渴望在职业生涯上攀到顶峰，所以他们特别会在上司面前表现自己，对同事和下属则充满敌意，并且为了达到目的不择手段。

有一种人格特质被称为**社会比较倾向**（Social Comparison Orientation），即通过与别人进行比较来评估自我价值的倾向。有些比较心态是人之常情，如我在做销售时，总在心里暗自与戴夫较劲；我也在社交媒体上追踪高中同学的账号，想看看他们现在是不是过得比我好。不过，我通常会对自己的比较心态有所警觉：当自己生活中的成就感都来自比较，同时又担心别人有多富有、多美丽、多快乐时，就是危险的信号了。

虽然每个人或多或少都有这种比较的倾向，但有些人特别严重，甚至关不了"开关"，他们痴迷于将自己和别人比较，尤其是和相似的人比较。你如果和他们有相同的职位、家庭背景，甚至是相同大小的办公室，就要小心了，他们可能会定期对你进行评估。他们甚至连你上次加薪的细节都想（能）知道，或者你一个月比他们多（少）干了几天。同事之间存在着不可避免的竞争关系，他们对你产生的敌意也会更加强烈。小心别透露太多自己的事，如果被他们抓住了把柄，他们可是会无所不用其极地伤害你，好让自己可以得到更多机会出头。戴夫就是这种人，在同事面前质疑我的工作能力，或是毫不手软地跟上司打小报告。

不过，戴夫的做法也不能吃定所有人，我们有个同事 JW 就是戴夫惹不起的狠角色。JW 的销售表现极为出色，他完全无法忍受有人在背地里搞小动作，更不是忍气吞声的那一类人。戴夫如果真的惹到了这种不该惹的人，可是会吃不了兜着走。

戴夫也很聪明，他不会去找这种人的麻烦。

戴夫（媚上欺下者）与他的许多同类一样，除了会讨好上司、欺负同事之外，还有另一项技能：他知道如何"读懂"谁是房间里最有权力的人。戴夫会在销售会议上仔细观察每个人的权力和地位：谁坐在主管的身边、谁说话没人敢打断、谁对谁微笑、谁主导了会议的方向，这些他全都看在眼里。同事们一致认为他对身份和地位有相当的敏锐度，所以才能一下就弄清楚每个人的权力关系，看出谁比较好欺负，聪明地避开"地雷"。

我和同事余思宇、加文·基尔达夫做过一项实验，找了一个我们不认识的工作团队，让他们观看大约 90 秒的其他陌生工作团队在一起工作的录像，然后依照自己的感受对录像中的人的地位高低进行排序。等大家都排好顺序后，我们将受试者的答案与录像中工作团队的实际情况进行比较，发现不是所有人都能排出正确的顺序，有些人较接近正确答案，有些人则错得离谱。一年后我们又测试了一次，还是得出了同样的结果。这就证明，对身份和地位的敏锐度并不是人人都具备的。

戴夫具备这种敏锐度，所以专挑软柿子捏，而遇到 JW 这种不好惹的人时，他则会识相地退避三舍。

如果发现同事有以下行为，就要特别提高警觉。

▶ **喜欢在主管面前贬低你：** 有意无意地质疑你的专业，比如："你怎么好像不太擅长跟客户打交道呀？一副才来两个月不到的样子。"

▶ **与你单独相处时态度改变：** 会在私底下搞一堆小动作，比如偷藏鞋子却打死不认；还会以高人一等的姿态对他人颐指气使，不顾你的意愿非让你帮忙做事，或故意引导你犯错。只要能让你深陷水深火热，他们什么事都做得出来。

▶ **爱对上司献殷勤：** 常常主动帮上司分忧解难，把上司无暇处理的工作全都揽到自己身上，想借此表现自己。

▶ **总能在工作之余"巧遇"那些较有权势的主管：** 对主管可能出席哪个派对、去哪间健身房、看哪场足球赛、去哪家超市，他们都清清楚楚！并且他们希望能在工作之余和主管多接触。他们谄媚讨好的地点可不局限于工作场合。

他们为何选择媚上欺下？

▼

媚上欺下并不是件轻松的事，不仅要花很多时间做表面功夫，最后还有可能搞得自己里外不是人，那他们为什么还要这么做？

美世咨询公司（Mercer）新出炉的调查显示，90% 的高管表示未来几年职场中的竞争会明显加剧。经济学家罗伯特·弗兰克也指出，诸如网飞（Netflix）和高盛 (Goldman Sachs) 这类公司，高管和一般员工的薪酬水平差距极大，即使只是高一个等级也差得非常多。现今职场上位子少、竞争的人多，大家都想脱颖而出，赢得上司的青睐，从而获得更多的升迁及加薪机会。很多主管会用一些不合理的激励机制，激起下属间的竞争意识，让下属陷入恶性比较，所以下属才会为求表现而不择手段。不过除了上述原因，也有些人是想借赢过别人来减轻工作的压力和焦虑。

戴夫就是这类人，需要借赢过别人来获取自我价值感，竞争激烈的职场环境正合他们的意。虽然你可能很讨厌职场上复杂的等级关系，但信不信由你，有些人打从心底喜欢等级制度——位子越高，奖励越多。如果一家公司首席执行官的薪资与基层员工差了五百倍以上，他们会更有动力往上爬。就算现在还是最底层的"社畜"，他们依然向往有朝一日能在等级制度中爬到顶层。比起在扁平化的组织结构中求个安稳，他们更喜欢面对充满挑战的职场环境，这就是心理学所谓社会支配倾向 *（Social Dominance Orientation）。

　　然而，多数时候我们都无法如愿地、顺利地爬上金字塔顶端，权力可能在一夕之间就从我们手中消失。对销售这类岗位来说，很多时候都需要将员工调派至其他分店，而且这样的调派决定往往不容员工拒绝。特别是在经济不景气的时候，很多公司会暂停部分分店营业，员工调动也更加频繁。由于戴夫在休斯敦分店早已臭名昭著，所以他其实很高兴能调到别的地方，只不过一切都要从头再来，在新环境再次展开权力斗争，客源也得重新培养。

　　即便如此，像戴夫这样的人也会很快用尽一切手段，以巩固自己在上司心中的地位，即使必须伤害别人也在所不惜。面对职场上的不确定性，他们希望自己能掌握些什么，所以用媚上欺下这种方式增加自己的权力，以此消除心中的不安和压力。

了解他们的优势与劣势

▼

　　非洲撒哈拉沙漠以南广阔的草原上生活着许多野生动物，它们常为争夺霸主地位而战。每种动物追捕猎物的方式都不太一样：

* 社会支配倾向是由社会支配理论中衍生出来的概念，它是指个体期望各群体之间不平等性的程度，和对优势群体支配劣势群体的渴望程度。——编者注

有些动物擅长在夜晚静悄悄地接近猎物；有些则会利用爆发力，朝猎物飞奔而去。职场也是如此，就算同样是媚上欺下类型的人，所使用的手段也不尽相同。

因此，我们得先了解他们的优势与劣势。

◆ 抢得先机

我曾看过有人巧妙地将会议的主导权抢先掌握在自己手中，那是我第一次见到这种情况，因此记忆颇深。当时我们要招募人才，于是我们这群招募负责人召开了第一次会议，走进会议室时，我看到桌上放着成堆的简历表，旁边摆着一盘快被吃光的饼干。

没人在意那堆简历表，只自顾自地吃着饼干。

大家有一搭没一搭地闲聊，五分钟后会议仍毫无进展，其中一位同事马克开始坐立不安。"我们先来把这些应聘者简历按姓名首字母排序吧，我负责 A 到 D，泰莎整理 E 到 I，然后其他人以此类推看要负责哪一部分，这样好吗？"那一刻，马克成了会议室里的主导者。没有上演你争我夺的场面，他就默默主导了会议的进行。

多年后，我和同事凯瑟琳·索尔森、瓦娜·杜米特鲁进行了一系列研究，希望能通过实验验证我那次观察到的情况。我们让五名互不认识的受试者组成一组，请他们从多名应聘者中选出一名适合的人选。我们其实先暗中找到了其中一名受试者，对她说如果她能成功说服其他人选择某一名应聘者（我们随机选了一名给她），我们就会给她额外的奖金，不过前提是她不能把这件事告诉任何人。

凯瑟琳、瓦娜和我原本都认为，要说服别人得先针锋相对地争论一番，然而研究证实，我们这样的想法并不正确。实验结果确确实实地验证了几年前那次会议上我在马克身上观察到的情况。成功的说服者是那些在谈话一开始就掌握主动权的人，就算只是简单地起个头说"我们就从挨个自我介绍开始吧"。只要某个人先开口，那个人就会变成这个群体的管理者。

教育领域常会谈到"马太效应"（Matthew Effect）。举个例子，一个人如果早早在儿童时期培养自己的阅读能力，成人后通常就会比那些在阅读方面落后的人发展得更好，因为阅读困难会进一步造成学习其他科目的问题，人与人之间差距只会越来越大。职场上也同样有这种强者越强、弱者越弱的现象。尽早掌握权力，往往会形成一种吸引更多机会的优势，因此更容易获得成功。

媚上欺下的人通常不会在一开始就显露野心，而是会从一些小地方着手，就连会议召集人这种吃力不讨好的麻烦差事他们都愿意担下来，只为替自己的未来铺路。

◆ 他们会事先调查自己与主管之间的共通点

如果是销售业务性质的工作，团队通常会定期举行会议，让销售员彼此交流销售经验，主管也会趁这个时候激励整个销售团队来提振士气。有些人很喜欢这种场合，但我个人是避之唯恐不及的。我还在从事鞋品销售工作时，公司每年都会举行一次盛大的新品发布会，这时候买家、制造商代表、经理和销售员都会齐聚一堂。

对戴夫来说这正是个表现自己的大好机会，因为他能够趁机与平常较少见面的高层主管拉拢关系。

有一年的发布会我到得比较晚，为了不让上司发现我迟到，我偷偷躲在了一个大型橱窗后面，在我的视野中正好能看到戴夫在跟分店经理聊天，他们俩笑得一脸灿烂，像是两个高中生一起计划着什么恶作剧一样。我实在太好奇了，所以偷偷溜过去听他们的对话，居然听到戴夫和分店经理在聊他们恰巧穿了同一个设计师品牌的牛仔裤！

戴夫应该早就计划好了。

若能找到彼此的共通处并且适时点明，对方可能感觉格外亲切，从而对你颇有好感。他们怎么会这么巧穿了同一个设计师品牌的牛仔裤？戴夫肯定早有预谋，希望能借此拉近与经理之间的距离。我和乔·马吉曾做过一项实验，将受试者平均分成两组，分别请受试者进行"你比较想……还是……"（Would you rather）的问答游戏，我们总共出了七道题目请他们回答（如"你比较想会飞，还是会隐形？"和"你比较想走 1 千米，还是跑 2 千米？"），然后告诉其中一组人他们在这七道题目中有五道题目都选择了一样的选项，而另一组受试者则被告知他们在七道题目中只有两道题目的选择结果是一样的（其实我们是骗他们的，问答游戏的实际结果并不重要）。实验结果发现，比起只有两个答案相同的那组，五个答案一样的那组人相处起来更为融洽，因为他们认为彼此有较多共通点，从一开始就留下了好印象。

有些人不吃阿谀奉承那套，媚上欺下者就会改成寻找共通点来拉近距离，这种方法相对没有侵略性，几乎对所有人都适用。

◆ 不过……他们往往过于短视近利

平时只笼络对自己有利的人，又总是踩着其他人肩膀往上爬，这种过于功利的思维短期内或许能发挥一些作用，但长远看来，职场升迁这种事没人说得准，风水轮流转，说不定你今天欺负的人，未来有一天就会爬到你的头上。

现代职场变动迅速，很多公司都会让员工进行"职务轮调"来转换工作地点。美国国家橄榄球联盟（National Football

League）有个特别轮调计划，可以让员工在四年内前往四个不同地点工作（纽约、加利福尼亚州、华盛顿特区和新泽西州）。如此一来，以前只与固定一群人互动的员工，现在接触的人更多了，如果总是借由贬低同事来抬高自己，不仅会树敌太多，还会失去其他同事对自己的尊重，流言蜚语也会很快传开。

他们会从何处下手？

脚踏两条船的人会想尽办法让两个情人的生活圈不产生交集，让他们都不知道彼此的存在。职场里媚上欺下的人也是如此，他们面对上司、同事或下属，用的都是不同的策略和应对方式，各个击破、分而治之，即便最后东窗事发，他们也早已找好了靠山。

◆ 找机会与上司独处

大家可能对上司颇有怨言，职场都被那些媚上欺下的人搞得乌烟瘴气了，为什么还不赶快把他们开除？我们一般会认为，职场上的互动是上对下的，下属必须对上司言听计从，但实际上有可能是反过来的，如果遇到手段高、城府深的下属，上司反而会被他们牵着鼻子走，甚至会被他们反过来利用以实现他们自己的目标。

什么样的上司容易被他们牵着鼻子走？与团队脱节（如第六章谈到的搞不清楚状况老板）或是急于把工作交办下去的上司，都特别容易被他们选为下手的目标。他们平时就会尽心尽力为上司排忧解难，借此得到赏识与信任。上司也习惯把事情交给自己的心腹之后就撒手不管、坐等成果，这正好让他们有机会独揽大权。

我以前的同事莎拉就是如此，每次一有什么任务，她都会主动站出来接手。其实她根本没时间处理这件事，于是就强迫下属在假日加班完成工作，导致下属莫名其妙被增加工作负担而产生怨言。当怨言传到莎拉的主管耳中时，他似乎对此颇不以为然，有莎拉这种积极能干的下属帮他把事情都分配好，他自然也乐得轻松。他们慢慢变成一种负面的相互依赖关系：主管为了有效地完成工作而需要莎拉的协助，莎拉则想利用主管获得更多的成功机会。

别误会我的意思，不是说主管不能将工作交办给下属，只是说如果他们把工作都委派给莎拉这种人，就会产生很多问题。她会变成发言人，所有事情都由她来向主管报告。主管如果过于忙碌，没有好好了解实际情况，就容易让下情难以上达的问题更加严重。

◆ 工作场所外的地方……他们也不会放过

　　我曾经有个名叫史黛拉的同事，加入了公司的冲浪兴趣小组，只因为这个兴趣小组的召集人是她有心想认识的一位高层主管。史黛拉不仅很讨厌沙子和黏糊糊的海藻，而且皮肤还很敏感，只要穿上冲浪服，过不了多久皮肤就会因为潮湿闷热而红肿，从而让她感到灼热刺痒难耐。即便如此，她也只是涂了些凡士林，就强忍着不适继续跟大家一起冲浪。因为只要能接触到那位高层主管，这些身体上的痛苦对她而言都不算什么。

　　一般人就算在一家公司待了很久，也不一定能与高层主管有所交集，欺上媚下者却总有办法在工作场所外找到机会主动出击。

　　还有一些媚上欺下者在与掌权者建立联系后，会散布一些诋毁你的谣言。这么做一方面是为了凸显自己，另一方面则是为了损害你的声誉。他们知道，如果要跟上面的人讲你坏话，直接找你的直属主管并不是明智之举，最好是找你直属主管的上司，或者其他跟你没有直接接触却对你有影响力的人。

　　为什么不能找跟你关系比较亲近的人？

　　首先，你的直属主管通常已经对你有一些既定印象了，要再去改变直属主管对你的看法会比较困难。其次，如果事情败露了，你的直属主管发现其实都是他们在中间搬弄是非，局面很快就会变得不可收拾。因此，他们当然要找更高层的主管。层级差比较大的主管通常不太会去关心你一些太细节的情况。其实想想也很合理，比起我同事的直属下属，我对自己的直属下属更寄予厚望，他们犯了错，肯定会让我更加失望和恼火，也更愿意去盘查到底。

如果媚上欺下者制造的谣言足够"有质量"，这种间接手段通常都能达到他们想要的效果。

遇到这样的人该怎么办？

职场上不免需要跟媚上欺下的同事交手，如果直接去找上司抱怨，上司通常不会理你，因为媚上欺下者精心铺陈已久，在上司面前极尽谄媚之能事，善于博取有权势者的欢心，所以上司只会觉得你是出于嫉妒心理才恶意抹黑他们。因此，如果你只是凭着一股冲动就去揭发真相，很有可能产生反效果。我们必须运用一些策略，在摊牌之前先多观察并搜集更多证据，才有办法克敌制胜。

◆ 第一步：找人脉广的同事当盟友

我第一次在工作中被媚上欺下的同事欺负的时候，我并不确定到底怎样才算越界，甚至不禁开始自我怀疑："是我太敏感了吗？是不是这里的职场生态就是如此竞争？"像我这种"好傻好天真"的人最容易成为媚上欺下者的目标。

因此，我们可以在职场中想办法结交"盟友"，他们人脉广、人缘好，对公司上上下下都熟得很，消息特别灵通，你可以借助盟友搜集情报，了解那些媚上欺下者在你背后的窃窃私语。不过，你也不必把盟友当朋友般掏心掏肺，仍然可以与他们保持一定的距离。

你可能觉得"只有位高权重的人才拥有广泛的人脉"。事实并非如此，在很多组织里，真正拥有丰富人际资源者反而不是手上握有权力的人。有研究发现，在恐怖组织中消息最灵通的其实都是那些"出租车司机"，或是负责运送武器货物的小喽啰。

我在百货公司做销售时，认识了百货公司咖啡店店员贾马尔，他成了我的盟友。贾马尔认识很多人，就连一年只会来巡视一次的高层主管，或者来抓捕扒手的便衣警察都认识。大家很爱去咖啡店喝咖啡、聊是非，那些对话他全听进了耳中。我问贾马尔有没有听到过有关戴夫的什么话——为避免预设立场，我请他无论是正面的还是负面的都跟我说。事实证明，不是我想太多，而是戴夫对很多人都是如此。确定了这件事就算顺利完成了反击策略的第一步。

◆ 第二步：寻找其他受害者

下一步是要去寻找其他跟你一样被媚上欺下者盯上的人，寻找过程需要主动与人交谈，这可能让你感到有些害羞。这很正常，大多数人都很讨厌这种尴尬的社交互动，也很怕被别人拒绝或冷漠对待。

与那些可能同为受害者的人接触时，有几件事要特别注意。第一，你不是要找人跟你同一个鼻孔出气，现在的首要目标也不是抹黑媚上欺下者的名声。在这个环节，我会用比较中立的态度开启对话："你和戴夫经常接触吗？你们的关系好吗？"一旦有人说出有和你同样的遭遇，你就能跟他们分享自己的情况。切记叙述应贴近事实，避免加入太多主观情绪造成人身攻击。此时，如果对方愿意向你敞开心扉，你不妨问问他们愿不愿意跟你一起去找上司谈谈，或者让你把他们的经历写下来再代为转告。

第二，不是每个人都愿意站出来作证。有些人即使有过类似的经历，也因为太过震惊而不知所措、担心遭到报复，或是不想惹是生非，所以宁愿保持缄默。有些人则是刻意视而不见，他们在权衡利弊之后，选择与媚上欺下者站在同一阵线，希望有天也能从媚上欺下者身上获得一些好处。

第三，万一行动走漏了风声，不小心被媚上欺下者的狐群狗党知晓，事情就更难处理了，所以我们可以先征询盟友的意见，了解向哪些人打探消息比较不容易出问题。尽可能关注客观事实，而不要仅凭自己的想法或感觉说话，如果罪证确凿，足以证明他们真的有那些行为，那你就能坚定自己的立场，继续下一步行动。

◆ 第三步：缓冲

你如果这时候还要跟加害者密切接触，那一定会很难受，所以无论身心都要与加害者保持适当距离，减轻行动过程中面临的庞大压力。

一开始先尽可能地记录下你们面对面接触的频率和时间，虽然有人会嫌麻烦，但确实有必要这么做。很多人开始记录以后都感到相当惊讶，发现原来自己和某个人接触的频率这么高（电梯里遇到也算，但如果没有记录下来，我们很快就忘了）。接着我们就可以开始分析这些日常互动，哪些是不可避免的，譬如每周的例行性会议，哪些是在咖啡机旁巧遇这类难以预测的情境。

我在研究中发现，就算处在同一个空间，只要坐得离某个让你感到压力的人远一点，就能有效减轻焦虑。也就是说，虽然无法避免出席会议，但可以尽量和那个人坐在桌子的两端，或者事先跟你比较要好的同事说明，请他到时候坐在你和那个人之间。

只要中间隔着几个人，避免眼神接触，就能给自己留一些缓冲的空间。

◆ 第四步：心平气和地跟上司沟通

我第一次鼓起勇气和玛丽谈论戴夫时，气冲冲地脱口而出："戴夫对同事态度恶劣，又爱撒谎，还抢我业绩。"然而当我话一说出口时，玛丽脸上的表情马上阴沉了下来。

"我担心的事果然还是发生了。"玛丽这么对我说，"戴夫一直都跟我说你太争强好胜了，因此你可能因为他优异的表现而感到倍受威胁。泰莎，戴夫真的很想跟你好好相处。虽然团队里出现了这么优秀的同事难免令人眼红，但你们可别像高中生一样争强斗胜、吵闹不休。"然后我只好垂头丧气地离开玛丽的办公室。玛丽追求的是提高公司的营业额，因为戴夫能帮她达到这个目标，所以她对戴夫特别有好感。

后来我决定换个表达方式，在批评他人之前说些赞美的话，以营造友好的沟通氛围。

我说："戴夫既受顾客欢迎，又会引导他们消费，这点没人比得上他，他是我们销售团队不可多得的人才。"

玛丽静静等着我继续说下去。

"不过，我有点担心我们的工作环境。"我讲到"我们"两个字时加重了语气。

"不只我，同事们也都被他搞得身心俱疲。如果继续这样下去，我担心留不住其他厉害的销售人才。"人才流失是玛丽最担心的事。

接着，我举了一些例子，说明戴夫的行径，并请玛丽不要只听信戴夫的谗言，有机会也可以听听别的同事的说法。玛丽听到我批评戴夫并不开心，但也没有完全抗拒，这已经足够了。

如果你能心平气和地跟上司沟通，他们就比较不会觉得你是想挟嫌报复。虽然表达的意思相同，但这些话听起来更容易让人接受。

◆ 第五步：静观其变

和上司谈完后，就静观其变吧。

我了解最难熬的事情莫过于等待。之前纽约大学某院长跟我说："有点耐心，事情从表面上看起来没有动静，不代表在背后没有运转。暗潮汹涌的权力运作都是在私底下角力拉拔，不会摊在阳光下进行。"到现在我还是会时时提醒自己，耐心等待，给上司一些时间处理问题。

上司的应对法则

▼

随着在职场上逐渐拥有了更高的权力地位，我也慢慢了解到竞争无可避免，特别是在只有极少数升迁机会的职场环境，为上位不择手段的人比比皆是。身为上司，你可以通过以下三种方法，尽量不让媚上欺下者得势。

第一，别太相信自己的直觉，决定职务分配前多征询各方意见，就算某人的工作表现再好，若是在同事之间风评很差，也要避免让他们担任要职。

第二，制定能确保公平的制度规范。为了避免戴夫总是抢销售新人的客户，玛丽制定了接待客户轮排制度——销售员每天按轮排先后顺序接待新客户，先是由我接待客户，然后是戴夫，再来就轮到新人，以此类推。

第三，聆听团队里所有成员的想法，而不是只由其中一两个人转达，才能避免当中有人刻意扭曲事实。

重点复习

- ▸ 媚上欺下者一心想在职业生涯攀到顶峰，会为了达到目的而不择手段。

- ▸ 他们善于察言观色，通过细致入微的观察力，一下就能弄清楚每个人的权力地位。

- ▸ 他们会事先寻找与有权势者的共通点，借此开启话题、拉近距离。

- ▸ 职场上有强者越强、弱者越弱的现象，越早掌握权力，往往能带来越多优势，媚上欺下者深知这个道理。

- ▸ 他们总会主动出击，把握各种能与高管接触的机会，如积极出席会议或参加兴趣小组。

- ▸ 若不幸遇上了这种在背后耍小手段的人，你首先要想办法结交盟友，消息灵通的盟友能帮助你厘清状况。

- ▸ 接着，寻找跟你有同样遭遇的受害者。接近其他人的时候要小心，不要假定他们一定会站在你这边。可以先征询盟友的意见，了解向哪些人打探消息不容易出问题。

▶ 行动过程中无论身心都要与加害者保持适当距离，即使只是在会议室里坐远一点也能减轻压力。

▶ 先搜集足够多的证据，再心平气和地跟上司沟通，尽可能把重点放在陈述客观事实上，而不要凭自己的想法或感觉说话。

▶ 你如果本身就是主管，不妨制定一些相关的制度规范，让大家能公平竞争。

第二章

▼

功劳小偷

一杯羹。 『看似好心相助，其实只是想分

桑德拉知道"玻璃心"的人不适合在房地产行业工作。桑德拉的大学室友卡拉曾从事房地产相关工作，她光彩照人、魅力出众，完全有当房地产经纪人的资质。然而，卡拉心思细腻敏感，房地产经纪人彼此之间又竞争激烈，所以她常会因为有人公然挑衅或在她背后说三道四而崩溃大哭。不久之后她就身心俱疲，转而从事饲养搜救犬的工作。

　　桑德拉在拿到常春藤盟校的工商管理硕士学位后，进入金融业工作了十多年。她自认在金融业待了这么久，应该没有什么能难得倒她了。桑德拉不惧卡拉的惨痛前例，毅然决然地投入房地产行业。她轻轻松松通过了房地产经纪人执照考试并找到了工作。带她的主管约瑟是南加州首屈一指的房地产经纪人。

　　约瑟善于为人处世。他穿得像个高级住宅区的整形外科医生——定制的三件套西装、意大利乐福皮鞋，再配上标准迷人的微笑。他身高一米九，拥有恰到好处的健康肤色与一身结实的肌肉，大家都觉得他不做模特太可惜。他还真的当过模特，不过那是六年前的事了。

两人第一次见面时，约瑟兴高采烈地说："常春藤盟校毕业生来做房地产经纪人？我们一起打遍天下无敌手吧！"

他们确实战无不胜。在最初的六个月里，他们携手合作成交了五笔超过五百万美元的订单，几乎没有新手房地产经纪人能像桑德拉一样交出这么漂亮的销售成绩单。虽然约瑟在工作中给桑德拉提供了不少帮助，但看着桑德拉的业绩很快就追上了自己，约瑟感觉倍受威胁。

于是，约瑟开始一点一点地将桑德拉想出来的点子据为己有。有一次，桑德拉在和约瑟吃早午餐时，提到海滨别墅展示屋可以用白色作为家居主调，虽然感觉有点俗气，但现在豪宅都流行用这种全白内饰。当时，约瑟对这个想法不以为然，桑德拉也就没有这么做。可半个月后，桑德拉发现约瑟将方圆五十千米内所有高档白色家具都租了下来装饰他的展示屋。除了一些白色的塑料草坪椅，桑德拉什么也没租到。

还有一次是有个出了名挑剔又难搞的买家托马斯，桑德拉花了一年好不容易跟他打好关系，约瑟却"借用"桑德拉的谈判策略抢走了她的这名客户，还跟她说："你应该不介意这个客户由我来处理吧，你看起来已经忙不过来了。"桑德拉听后直接僵住了。

最麻烦的是，约瑟总能说出一些模棱两可的话来否认他的"偷窃"行径。他狡辩道："全白设计概念又不是你发明的。而且在你来之前，托马斯本来就是我的客户，房地产行业没有客户一定归谁这种事。"

虽然桑德拉内心愤愤不平，但她还没准备好脱离公司自立门户，而且现在要她搬去别的城市、重新开发客源对她来说太过困难，可如果只是跳槽到这个地区的别家房地产公司，约瑟肯定会来找她麻烦。

因此，桑德拉别无选择，只能受制于约瑟，就像一只毫无反抗之力的海豹宝宝，被吸血蝙蝠一点一点吸着血，虽不足以致死，但会逐渐被削弱。桑德拉渐渐开始觉得，或许像卡拉那样转行饲养搜救犬也不错。

披着羊皮的狼

▼

职场上常会发生这种冲突，自己付出的心血却被别人整碗端走。然而，我们往往很难在事前察觉到蛛丝马迹。

为何如此？我们其实都有防范之心，约 50% 的企业会要求员工签署竞业协议，避免员工在离职后泄漏公司的机密信息。我们担心的都是公司外部的威胁，却没有意识到内部员工其实也有可能窃取公司资源。有 25% 的人虚报过费用，比如出差时一顿晚餐吃了 50 美元，却报了 100 美元的账；也有大约 50% 的人曾在职场上被人窃取过想法。

功劳小偷往往是我们身边很亲近的同部门同事、职场导师或戴着善良面具的"假面好友"，我们可能在闲谈之中分享了自己的点子，或是他们热心地要帮你一起修改方案。因为他们都是我们很信任的人，我们已经对他们卸下了心防，所以会更难防范。

这些人很聪明，通常会从一些小事着手，如全白设计这样的小点子，先试试"水温"，看看对方能忍受到什么程度。像约瑟这样的人善于掩盖自己的恶劣行径，为自己留足后路，这样就算被发现也可以否认到底。约瑟本来就已经是业绩长虹的顶尖房地产经纪人，大家也不会多说什么，如果有人站出来指控他，可能也不会有人相信。像桑德拉这样处于权力弱势地位的受害者别无选择，只能继续与这种人合作，苦吞闷亏。

如果发现这些偷偷摸摸的手段，就要特别提高警觉。

▶ **他们是职场上的投机分子：** 在小组会议、团队聚餐或私底下讨论等场合中，一般没人会注意到这些主意的原始想法出自谁，这就让他们有机会不露痕迹地窃取他人想法。

▶ **功劳小偷有迹可循：** 他们大多是平时很要好的同事、有师徒关系的主管或下属。在竞争激烈的职场中，每个人都想力争上游，寻求优异表现，这时媚上欺下者也很有可能是功劳小偷。

▶ **老板助纣为虐：** 一心只在意公司是否赚钱、拓展更多客户，为了自身利益而不去制止员工抢功劳的行为。

▶ **他们不一定是有意为之：** 他们可能也没想象中这么坏，有些人的"居功行为"并非恶意，只是无意间养成的习惯，或者是高估了自己在决策中的作用。

本章前半部分讨论的是职场上遇到抢功劳的小人该怎么应对，特别是在亲近的同事或师徒关系中。我们很容易对这些信任的人失去警觉心，如果真有与他人分享计划的必要，最好在公开场合与相关人等一起讨论，让大家知道你是想法的提出者。

后半部分则会谈到如何通过改善团队的运作方式来解决这类问题。读完本章后，未来你如果遇到这种情况，就能够事先察觉，也不必再忍气吞声。

潜伏在你我身边

▼

有付出本来就应该获得相应的酬劳，为何每次都莫名被人抢功，到底谁是罪魁祸首？

◆ 假朋友真敌人

在自然界中，很多动物都知道，如果想要偷东西，最好先假装与目标成为朋友，这样比较容易下手。这是历经数百万年演化而来的生存策略。

举例来说，雄蝎蛉在求偶时必须准备美味的虫子送给雌蝎蛉，当作交配的礼物，送得越多、越贵重，就能得到越多繁衍后代的机会。不过有时候虫子并没有那么好找，所以聪明的雄蝎蛉会伪装成雌性，让其他雄蝎蛉放下戒备之心，然后再趁机偷走它们找到的虫子。

功劳小偷和雄蝎蛉一样狡猾，表面上态度友好地跟同事或前后辈交朋友，待人卸下防备之后再出手。而桑德拉正是如此掉入陷阱的，她的惨痛经历很值得我们借鉴。

桑德拉后来继续跟约瑟一起工作了几年。约瑟把托马斯抢了过去，成交了当年最大一笔的交易，那是坐落在加利福尼亚州马利布（Malibu）悬崖边的一栋豪宅。约瑟为此租了一艘豪华游艇，邀请很多同行出海庆祝。

约瑟手里拿着香槟，自鸣得意地对众人说道："如果没有桑德拉，我不可能完成这笔交易，她是这次交易的重要推手。"就在桑德拉已经受不了他，几乎想把他推下游艇的时候，约瑟居然说了这段话，但重点是桑德拉这次刚好在忙别的案子，根本没有帮忙促成这笔交易，约瑟却莫名其妙地将这一切归功于她。约瑟有何意图？

功劳小偷不只会窃取别人的成果，也会适时故作谦虚地归功于他人。为什么要这么做？美国加利福尼亚大学伯克利分校的丹尼尔·斯坦指出，在面对功劳时，人会依照自己想要给人留下的印象，而展现出不同的态度。若要彰显自己的能力、吸引更多合作机会，就把功劳往自己身上揽；若要给他人留下谦虚的印象，就把功劳与人分享。而约瑟那样说就是为了给大家留下好印象，让所有人都觉得他获得成功时依然能保持谦虚，还不忘把功劳分享给身边的人。这时候如果桑德拉把事实真相说出来，别人可能觉得她是精神错乱或忘恩负义。

大多数功劳小偷都会用这招，在诸如会议致辞、发表感言或入职培训的公开场合中，将表面功夫做足做满。他们和媚上欺下者一样，都是私底下关起门来才会露出真面目的人。

◆ 老板有利可图

防止这类事情发生是老板的责任，对吧？我开始写这本书之前一直是这么认为，无法理解为什么有老板会放任不管。我知道有些老板是因为不想把事情弄得更复杂，所以选择不去干涉，但他们最终还是要承担后果——当抢功劳到了放肆的地步，危及的就是企业本身。

然而我还发现一种情况，有些老板不仅放任不管，甚至推波助澜，让问题变得更加严重。举个实际的例子，室内设计师奇蒂本身没什么才华，但在艺术界颇有人脉。她的老板塔尔就是看中这点，所以才找她来自己的艺术精品公司工作，然后为了讨好她而平白无故地胡乱夸奖。

塔尔曾有一次在艺术展览会场对客户说道："奇蒂提议主卧

室的浴室可以用金属拉丝质感的壁纸，这点子实在是太棒了！"奇蒂的脸瞬间红了，这个想法根本不是她提出的，而是新人琼提出的。不过，奇蒂当下没有反驳，老板的赞美之词让她不禁有些飘飘然。自此之后，塔尔总会把团队的心血归功于奇蒂，而奇蒂也会动用自己的人脉帮客户拿到他们想要的艺术品，这使塔尔与奇蒂之间逐渐形成了一种互利共生的关系。

后来有一天，来了一位挑剔谨慎的客户马克，他从艺术界的朋友那里听说了这里有位厉害的设计师，因此慕名而来，希望奇蒂能帮他的乡间小屋增添一些趣味设计。马克很注重个人隐私，不希望设计团队像蚂蚁一样忙进忙出，所以只给了奇蒂钥匙；他也很讨厌太多人打电话给他，所以只有奇蒂能跟他接洽，也就是说，这个项目只能由奇蒂独自负责。一个月后，奇蒂只在阁楼空间摆了两件新进艺术家的雕塑作品，此外就没有别的了，甚至连换个墙面颜色都没有。

马克这才发现奇蒂根本名不副实，顿时怒不可遏。随后，塔尔将奇蒂开除了，但这也无法挽救公司一落千丈的声誉。

这种眼里只有利益的老板迟早都得自食恶果，不过如果你在职场上遇到塔尔和奇蒂这样的组合，我建议你赶紧溜之大吉！除非你有更强大的靠山，不然就只有吃亏的份，功劳永远不会属于你。其实你的付出老板都能看到，只是他们早已利欲熏心，所以不会在乎你有没有得到应得的赞美和肯定。而如果连老板都与抢功劳者狼狈为奸，那么这个现象肯定就会如野火燎原般蔓延开来，整个公司都不会好到哪里去。

掌握话语权

▼

人人都有可能成为功劳小偷锁定的对象，尤其是在竞争激烈的职场中，当个人价值取决于为公司创造的价值时，争抢功劳的情况往往更为严重。有些人会一点一点蚕食你的客户和资源，有些人则会"借用"你费尽心思想出来的点子。而他们在必要时，也会故作慷慨地把功劳"送"给同事或上司。

功劳小偷之所以能如此，是因为他们掌握了话语权，可能只是单纯讲话大声，也可能是地位崇高而受人重视，他们在发言时，人们会注意听。因此，如果想要反制或自保，让自己在工作中的付出得到相应的回报，我们就得拥有比他们更多的话语权。

怎样算是掌握话语权？最基本的是你一开口说话，就能吸引众人的注意。更深一层的理解是，如果你提出某些想法，即使过了很长一段时间，大家仍清楚记得这个想法源于你。

那要如何掌握话语权？当然不是到了会议室之后，才开始想办法吸引大家注意，而是在这之前就先帮自己铺好路，因为能在会议中获得发言机会的人，事前一定做了充分准备。如果能在职场上获得同事的尊重，提升自己的人气，受到上司或老板的提拔和赏识，就能拥有相对更多的话语权，能做到这些的人通常能在职场平步青云，根本用不着跟同事争抢功劳。

凯依就是这样的人。她的老板布莱恩正在打离婚官司，身心备受折磨。三个月来，每周一早上布莱恩会固定与律师会面两小时，谈完之后布莱恩总是心情很糟。他大多时候都很忙碌，但每周一中午十一点到下午一点会有两小时的空当，新员工发现之后都想趁这个空当去找老板谈事情，但凯依跟他们说："绝对不要约他跟律师会面后的时间，即使再等十天也别冒那个险。"这个时间去找老板谈任何事都不会有好结果，他才没有心情听员工说话。

凯依知道公司上上下下很多有用的小道消息，能告诉你哪几天找老板谈事情比较容易成功、哪个厉害人物一句话就能搞定难缠的客户，还有最好避免参加哪些假日聚会，她对这些事情了如指掌。布莱恩是个大忙人，他没有时间跟太多员工密切接触，只由少数人负责跟他报告公司状况，凯依就是其中一人，她有机会与老板直接沟通。一旦有了话语权，她努力的成果自然容易得到老板认可，功劳小偷也不敢把歪脑筋打到她头上，因为他们知道她有老板护着。

凯依是怎么办到的？

塔尼娅·豪厄尔和同事做过一项大型研究，询问超过一千名员工："该怎么做才能拥有话语权？"研究结果指出，若要拥有话语权，最重要的是拥有"建议关系纽带"（Advice Tie），也就是可以向他人寻求建议的关系纽带。

培养这种纽带最好的方法是和公司里已经掌握话语权的人建立关系，并从他们身上学习。凯依从入职第一天起，就很努力地找出公司里精干的同事。一周之后，她已经找过许多人喝咖啡，无论职位大小她都会去接触，这些人也在聊天过程中告诉她公司的各种大小事，包括总经理待在办公室的时间、老板的心腹以及死穴。通过与各种不同岗位上的员工建立联系，凯依不断拓展自己在职场上的人际网络。

凯依还会观察布莱恩和其他高管在会议上的反应。有些人提出意见会被认真对待，有些人才讲不到两句话就遭到无视或打断；有些人无论犯什么错都会被原谅，有些人无论做什么都会惹怒老板。领导们表现出来的态度全因人而异，凯依从中了解到公司里隐含的一些情况。

凯依不会藏私，她很愿意大方分享自己累积下来的生存之道。与人分享不仅利人利己，能提升自己的声誉，同时还可以培养更深层的人际关系，而藏私对大家不会有任何好处。

正如凯依所了解到的，一般人都认为要找最有成就或最有权势的人探听情报，但真正厉害的角色往往藏身在我们周遭，早已在我们的社交圈中，可能是在某个派对上遇到的人，或是在某些业务上有所交集的同事。我建议你多接触不同领域的人，让自己有更多机会获得各种类型的内幕消息（不要待在一个只知道老板的肮脏小秘密的关系网里），比如适合与老板预约谈话的时间、平时好相处的主管什么时候要远远避开、哪些人之间发生过冲突。我很喜欢多去认识对老板时间安排了如指掌的人，他们熟知老板在哪些特定时间会忙得晕头转向（如财政年度末期）、何时会去度假，还有老板繁忙的工作中什么时候才会出现一点空当能让你插进去。

　　在第一章中我们提到可以在职场上结交盟友，他们人缘好又消息灵通，这些人同样可以成为你的情报来源，或是通过他们与更多人搭上线。

为了探听消息所建立的关系不等于朋友关系

▼

　　职场上建立关系的最好方法不是花时间建立小恩小惠的交情，也不是过度展示你的亲社会行为（Prosocial Behavior），比如帮主管跑腿买咖啡，或者帮同事莎拉举办产前派对。帮点小忙的确是举手之劳，但如果滥用自己的好心，很有可能因此耽误了分内工作，还不见得能得到别人的尊重，甚至可能被人硬塞更多工作。

　　有些人认为跟同事做朋友才会有人想听自己讲话，但结果可能适得其反。塔尼娅·豪厄尔研究发现，职场上交的朋友越多，拥有的话语权就越少。特别是有些人的话匣子打开就停不住，但常常谈论的都是社交性质的话题，这容易分散你对工作的注意力，老板看了也不顺眼，在公事方面反而会失去话语权。

　　也不是说不能在职场上交朋友，只是别在办公室就忍不住大聊特聊，尽量将与工作无关的闲聊留待下班后再说。我们可以在职场上建立各种不同的关系，有些人可以深交成为朋友，有些人仅止于消息互通的合作关系，全看你是否懂得拿捏各种关系的分寸。

◆ 不是提出问题，而是提出解决问题的办法

　　无论是在会议或是在小组讨论的过程中，有些人只是一味地提出各种问题，而有些人则会进一步找到问题产生的原因，并针对问题提出解决方案。

　　两者看似都有所贡献，但事实证明后者才是真正有效的问题解决之道。大家想知道的是自己该怎么做才能取得最终成功，而不是阻碍他们实现目标的因素。团队之中若有人总能适时提出可行的方案，大家就会喜欢向他们寻求建议，老板或上司也会注意到，自然愿意给这些人多一些话语权。

◆ 让所有人的努力都能被看见

职场中通常都有些默默做事不邀功的"无名英雄"，能力易被低估、无法崭露头角。如果团队中有这样的同事，你不妨适时伸出援手帮助他们争取自己应得的回报与关注，如此一来就不再只有那些善于表现自己的人能获得青睐了。当默默耕耘的人都能够勇于发声时，功劳小偷也就没办法再那么猖狂了。

怎么对付抢功劳的人？

▼

我曾在"如何在职场上畅所欲言"专题讲座上与两位专家一同演讲，无论我讲了什么，没过多久其中一位专家就会把我说过的内容换个讲法重复一遍，搞得就像这是他提出的观点一样，场面相当荒谬。

幸好有观众主动帮我说话："你能不能不要在泰莎讲完话后，就马上说类似的内容？我们不需要重复听两次她的观点。"此时，所有人都安静下来，面面相觑。

我随即放声大笑，打破尴尬的沉默。不过因为动作过大，我一不小心把麦克风的电源线扯掉了，就在我要把线接回去时，差点从椅子上摔下来。

在对付功劳小偷的过程中，一不小心就会落入如此境地。若要避免这种尴尬的时刻，就尽量不要在一开始就大张旗鼓地宣扬他的行径或找对方理论，不要一开始就过于激动。我不希望自己在还没准备好的时候，就得在众目睽睽之下面对这种事情。我喜欢事先拟定计划，自己掌控对抗发生的时间。正如我在本书中给出的很多建议一样，站在对方的立场思考问题才能更清楚他们会如何采取行动。

◆ 第一步：私下与对方谈谈你的看法

有时候对方可能没有意识到他的行为会冒犯到你，或者他们认为自己曾贡献一己之力，所以这些想法或工作成果理所当然地有他们一份功劳。面对这样的人，在公开场合直接指责或谩骂并不是个好主意，他们可能因此恼羞成怒更不愿承认错误。我们可以换个方法，私下找对方谈谈自己对这件事情的看法（不以对立心态地分享看法），你可以这样说："我发现我们在会议上提出了很多类似的想法，你有这种感觉吗？我认为大多数想法都是我先提出的，你觉得呢？"这样的谈话感觉就像是你和伴侣或室友争论谁做的家务比较多——你们俩都觉得自己承担了更多家务。工作上也会遇到这种问题。

◆ 第二步：确定每个人到底做了些什么

列出彼此各自做了哪些贡献，特别要记得把那些难以衡量的"隐形劳动"算进去。在家里，隐形劳动包括倒垃圾、叠衣服和安排孩子看医生等琐事；在职场上，隐形劳动则包括整理、检查文件等工作，这些看似无关紧要的小事，却是维持公司整体运作非常重要的一环。有责任心的人经常顺手揽下所有事务，所以你们应该彼此都不清楚对方承担了多少隐形劳动。

你们之间的隐形劳动量难免存在不平等的情况，这时候你不妨用这样的方式起头："我觉得最近很多工作都是我负责的（举例说明），你有发现吗？我们是不是应该厘清各自做了哪些工作，不然我们可能都不太知道对方在干什么。"

前两个步骤是希望你们能彼此交流、谋求共识，下一步则是要思考如何避免之后再发生这种情况。有时候，就算已经照着前面的方法好好地与他们坦诚对话，还是难免会遇到有人死性不改，成为职场上令你痛苦的存在，但如果我们不是直接的受害者，或许情况就不会那么让人难以忍受。因此，在这种状况下，除非上司会紧盯着他们的一言一行（通常不可能），不然我会想尽办法能避就避、能躲就躲、能离多远就离多远，不让他们插手自己正在处理的案子，更不会分享想法给他们。

如果他们询问你为何要刻意疏远，也请用"我们之间的信任已经被消磨殆尽"之类的话简单带过就好，不必再愤怒地跟他们大吵一架。一旦下定决心要避开这些人，也没有必要继续来回争执了。继续吵下去一点帮助都没有，只会让你血压升高而已。

如何公平地分配团队工作成果？

看到这里，大家应该已经知道对付功劳小偷的一些基本技巧，也知道若是在沟通后这些人还是继续糟蹋你的信任时该如何应对。可如果是不得不靠团队合作来完成任务的情况，那就是另一回事了，有时候可能不是团队成员有意抢功劳，而是大家真的很难厘清彼此的贡献。也许在工作的一开始就没有妥善分配任务，责任划分也不明确，再加上一般人倾向于高估自己对群体成功的贡献，团队之中自然会有功劳归属不明的问题。

接下来我会先谈谈什么样的团队容易出现这样的问题，再来讨论如何防止团队中有人争抢功劳。

✦ 由志同道合之人组成的团队

在团队中，各成员思想、经历及背景的多样性是非常重要的。

团队之中包含各种不同背景与经历的人，能够激发更多元的创意和思维、提高解决各种问题的能力，决策也不容易出错。除此之外，团队成员多元化还有个鲜有人注意到的优点，就是团队成员之间不容易撞点子。

我第一次感觉到自己的点子被"偷"了，是在研究所读研的时候，那时身边的人都是同一个专业的同学。有次我在周三的聚会上跟朋友分享最近的研究想法，到了周五却发现我们研究团队中的一名成员杰西卡抢先发表了这个想法。杰西卡根本没有参加前几天的聚餐！我当时认为应该是有人"出卖"了我。

杰西卡报告到一半的时候，我完全可以确定她偷了我的研究想法，因为她第十五页幻灯片上的内容几乎跟我在聚餐时分享的一模一样。报告结束后，大家都针对她的报告给了许多很有建设性的意见，但我气到讲不出什么好话，于是在轮到我给建议的时候，我毫不掩饰地用刻薄的语气冷冷地指责她窃取别人的创意。

教授对我的行为相当不解，也颇为不满，在课后把我叫到了他的办公室。当我走进教授办公室时，杰西卡已经坐在里面了，双臂交叉于胸前，看都不看我一眼。杰西卡说她没有偷任何人的想法，这都是她自己想出来的。而教授则要我们俩冷静点，我们提出的不过是个初步的构想，后续还需要更多研究和数据佐证，这个构想才能变得完整，现在没什么好争的。

我和杰西卡的背景非常相似，我们受过相同的研究训练。我们一直以来阅读同样的学术文献，搜集资料的方法也大同小异，上的课程也差不多，还学习了同一套心理学研究方法，会有同样的想法也是合情合理。

我没办法控制团队的组成，那要如何避免之后再跟别人撞点子呢？于是我学着专注于自我提升，多去认识不同背景的人，除了精进原本的专业，也不断拓展其他技能，慢慢让自己敢于与众不同。自此之后，我总能有跟别人不一样的创意，想出了许多富有趣味与原创性的新点子。

随着阅历日渐丰富，我越发了解到，一起共事的团队通常聚集了一群想法相似的人，你能想到的别人当然也能想到。学术界也出现过这种情况，两位学者在相隔不到几天的时间里，将自己的研究论文投到同一家期刊社，而他们在研究中所得到的数据与结果完全一样，简直让人难以置信。

针对这一问题，那家期刊社的做法是让两位学者合作，这样既能集结两人研究中的精华，也能让他们在发表的论文上都署名，获得应得的肯定和重视。最终，这件事因为两位学者愿意合作而顺利解决了。他们如果一味指责对方，谁都不让谁，闹到最后两人的论文都无法发表，那更是得不偿失。

◆ 通过大家集思广益迸发出创意的团队

许多人认为可以通过头脑风暴的方式，激发团队的创造力。大家就像丢接飞盘般彼此过招，有人提出初步构想，其他人再以此为基础不断加入意见，互相碰撞出精彩的火花，从而产生很多新观点和问题解决方法。

看起来皆大欢喜，对吧？

然而，这并不是完全没有问题的，虽然团队往往能获得出乎意料的成果，但通常没办法分清楚谁贡献了什么想法，有些人会因为没有得到赞扬而有所不满。

想象一下，如果你身为设计团队的一员，你们要研发一款专为害怕看牙医的患者打造的牙科诊疗椅。会议进行了四十五分钟，你已经提出了十个构想，大家都保持微笑、点头称是、频频竖起大拇指，你会感觉自己表现得非常好。

到会议快结束时，上司杰森总结道："这次团队合作很成功，谢谢大家！"你可能想：怎么回事？自己贡献了这么多，为什么没有受到特别称赞？

杰森并非刻意忽略你的表现，只是没有你想象或期望中的那么关注你。这其实是所谓的聚光灯效应（Spotlight Effect），这种常见的心理现象指的是人们往往会在心中高估自己言行举止受他人关注的程度。很多人都有过这样的经历，在路上不小心摔了一跤，担心大家看到自己的糗样，恨不得找个地洞钻进去，甚至过了十分钟还在为此感到尴尬不已。其实根本没人在乎你做了什么，你担心的一切只是聚光灯效应在作祟罢了。

虽然说是团队合作，但大多数人其实还是活在自己的世界里，脑中反复思考着自己在什么时候该说什么话，只在乎自己的表现、他人的评价，根本不太会把注意力放在别人身上。团队中的其他成员同样也专注于自己的行为和想法，通常对我们的行为并不那么重视，所以你也不必指望他们会把你的贡献放在心上。

有个方法可以减轻团队受到的聚光灯效应的影响，就是让其中一人负责记录大家提出的构想，以及提出构想的人。这项工作由团队成员轮流负责，这样就能逐渐让所有人都能意识到并且突破这种思维偏见。

我自己制作了一份简单的表格，表格内有两栏，一栏写着"构想"，另一栏写着"谁的构想"，在会议开始前分给每位与会者。在会议结束时，我会请大家花几分钟填写表格，即使在过程中遇到意见有分歧的情况，也能趁大家还没忘尽早解决。

◆ 大部分工作需私下各自完成的团队

过去十年里，我一直在纽约大学教授一门课程，选修这门课的学生需分成四人一组完成专题报告，同组人的成绩相同。学生们都不太喜欢这门课，因为总会遇到"幽灵"组员，偷懒不做事却还是能和大家得到相同的分数。

于是，我想出一个办法，为了公平起见，我请每名学生对自己的贡献程度进行评分，范围从 0（完全没做事）到 100%（做了所有事情），而我会参考这个评量结果来调整分数。然而效果却不如预期，如果每名成员的贡献值均等，那每人的自评分数都应该是 25%，但大多数学生都认为自己承担了 80% 的工作，而且没有人填写的值小于 30%。

这到底是怎么回事？学生们显然夸大了自己的贡献。不过，这样的例子并不是少数，人们本来就容易高估自己在整件事情中所起的作用。如果这项工作是由大家各自完成任务后再进行整合，我们自然会认为自己做得比别人多。

学生在准备学期报告的过程中也是如此。组员会分工合作，每个人负责一部分，虽然也会每周见一次面讨论进度，但大部分时间都还是在宿舍的电脑桌前独自努力。就如同前面提过的隐形劳动，因为没有亲眼所见，所以无法确知各自真实的贡献程度。

遇到这种情况，不妨请所有人记录完成每项任务所花费的时间，这不仅能避免功劳归属的问题，还能发现阻碍团队进步的原因。例如，乔西花了三小时完成的任务，杰克只要一小时就能解决。准确评估完成每项任务所需的时间，才能妥善地规划与安排工作。

如何避免团队里出现功劳归属问题？

之所以会出现功劳归属问题，最主要的问题在于没有事先妥善分配任务。接下来，我们会讨论如何划分团队成员的责任归属，以及制定明确的回报流程，避免导致日后的不愉快。

◆ 事前做好工作分配

我们可以先将每位成员该完成的事项列出列表，尽可能平均分配工作量，而后团队成员针对这样的安排进行沟通协调，达成共识后再开始工作。在工作过程中，大家都有自己的责任范围，分工明确，各司其职。工作完成后，请每个人给自己和其他所有成员评分，确认大家是否都完成了自己分内的工作，确保做多做少都有回报。

因为所有团队成员都知道彼此的工作范围，而且已得到了大家一致的认同，这样即使有人抢了你的功劳，你也可以拿出证据，还能避免有人做多、有人做少的抱怨，可谓两全其美之计。

✦ 不以成败论英雄

大多数人都习惯强调最终的结果，而不是努力的过程。虽然很多工作还是有必要依照成果来给予奖励，但若是完全采取这种奖励机制，不仅容易出现争抢功劳的现象，还会出现许多把别人踩在脚下的职场恶霸（详见第三章），他们会为了让自己的想法受到重视而无所不用其极。

在一个由专业人士组成的团队中，我要他们每人提出一个观点，并从中选出一个最富有洞见的，该观点的提出者可以获得香槟塔。结果大家只是相互较劲，评选"最佳"观点的工作没有任何实质进展，每个人对"被认可"的欲望影响了团队的整体表现，大家用更多的时间来争夺地位而不是完成工作。后来，我改变了策略，不再只注重结果，而是更重视大家在过程中所投入的时间与心力。我告诉他们，无论谁的想法获选都不重要，重要的是大家是否付出了最大的努力，是否为了达成目标而互助合作，大家如果能够做到这些，就能一起获得香槟塔。

◆ 定期进行面谈以获得反馈

有时候团队中存在着不公平的现象，而上司却对此睁一只眼闭一只眼，这会严重打击团队成员的士气。只有当每个人都能得到公平对待时，大家才会更愿意积极投入工作。不过，在某些情况下大家会选择忍气吞声，特别是在成员间拥有良好化学反应的团队。

我遇到过很多这样默默隐忍自己的感受的人，他们知道必须交流想法才能碰撞出更多火花，并且为了团队和谐，他们不会因自己受到不公平的对待就把事情闹大，不过在团队取得漂亮的成绩后，他们还是会为此耿耿于怀。杰克就是这样一个人，他忍不住抱怨道："我每次提出各种好点子，不是被否决就是被偷走，这种感觉真不好受。算了，大家都知道几乎是靠我一人之力才有今天的成果。"不过我也跟其他团队成员聊过，几乎每个人都会说自己对工作成果的贡献很大。

你可能担心自己提出这样的问题会不会显得很小家子气。在工作过程中为功劳归属大吵大闹确实不太合适，但如果这些问题始终得不到解决，团队里就会充满无处发泄的怨气。久而久之，团队中的正能量会逐渐消失。我建议上司定期与团队成员面谈以获得反馈，稍微了解一下大家的意见和担忧，以便及早发现和处理抢功问题。

即使是经验丰富的诺贝尔奖评审，也可能出错

▼

1923 年的诺贝尔生理学或医学奖颁发给了"发现胰岛素"的两位科学家弗雷德里克·班廷和约翰·麦克劳德。

当时还很年轻的外科医生班廷对提取胰岛素有了一些新想法，为了获得研究支持，班廷拜访了多伦多大学的生理学系主任约翰·麦克劳德，希望能借用实验室来验证自己的假设。麦克劳德当时已经是业界权威，他发现班廷的背景知识很浅薄，而且构想的实验方法有很多漏洞，很多可能存在的限制和困难班廷都没有想到。尽管如此，班廷最终还是成功说服麦克劳德给他提供了场地和资源（胰岛素实验所需的实验狗），以及一名优秀的学生查尔斯·赫伯特·贝斯特作为助手。

麦克劳德允许班廷在暑假的两个月期间使用他的实验室，随后就出国度假去了。而贝斯特协助班廷进行了多项实验，两人合力完成了许多研究，为最终发现可供临床治疗糖尿病的胰岛素奠定了基础。

麦克劳德 9 月回来时，对他们的进展竟然如此迅速感到惊讶，也对他们实验数据的准确性有所怀疑。随后班廷和贝斯特持续进行了大量研究工作，而麦克劳德只是给了他们一些技术上的指导和意见。

　　后来，关于多伦多大学正在进行胰岛素研究的消息逐渐传开，1922 年 11 月，荣获 1920 年诺贝尔生理学或医学奖的丹麦哥本哈根大学教授奥古斯特·克罗拜访多伦多大学，希望能为妻子的糖尿病寻得良药。麦克劳德连续两天接待了克罗，让他参观实验室，进行客座演讲，甚至住在自己家。据说，麦克劳德自己花了很多时间让克罗相信他对班廷研究的影响，克罗也通过麦克劳德取得了在丹麦使用该方法生产胰岛素提取物的授权。不久之后，克罗就给诺贝尔委员会写信提名班廷与麦克劳德，他们如愿拿到了诺贝尔奖。

　　诺贝尔委员会公布得奖名单后，班廷气愤不已。班廷认为这是他和贝斯特的功劳，怎么可以把这份荣誉分给麦克劳德。麦克劳德辩才无碍，非常善于与媒体周旋，他不断声称这是"团队合作"的成果。而班廷的口才没有麦克劳德的好，他不愿在获奖感言中提到麦克劳德，以此表达自己的不满。班廷甚至拒绝领奖，但这是加拿大第一次有人拿到诺贝尔奖，他怎么可以说不领就不领？最后，加拿大政府好不容易才说服班廷去领奖。

　　几十年后，瑞典卡罗林斯卡学院（Karolinska Institute）内分泌学家、诺贝尔委员会主席罗尔夫·拉夫特坦承，诺贝尔委员会犯下的最严重的错误是将 1923 年生理学或医学奖颁给班廷和麦克劳德，该奖项应该颁给班廷和贝斯特。

　　没人想像贝斯特一样，过了几十年才得到本该属于自己的荣誉（不过，加拿大现在有很多地方其实都是以班廷和贝斯特命名的）。由此可见，掌握话语权有多么重要。结识有影响力的人并让他们愿意听你说话（就像麦克劳德成功说服克罗站在自己这边时所做的那样），或许就不会像贝斯特一样遗憾了。

重点复习

- ▶ 功劳小偷往往是我们身边很亲近的同事、职场导师，或带着善良面具的媚上欺下者。

- ▶ 功劳小偷通常会从一些小事着手，先试试水温，看看对方能忍受到什么程度。他们也善于掩盖自己的恶劣行径，为自己留足后路。

- ▶ 功劳小偷不只会窃取别人的成果，也会适时故作谦虚地将功劳归功于他人，让领导和新同事对他们留下谦虚的好印象。

- ▶ 确保自己能获得话语权，说话时有人认真倾听，并且记住你说的话。

- ▶ 获得话语权最好的方法是和公司里已经掌握话语权的人建立关系，并成为上司遇到棘手问题时会想求助的对象。提供意见时，不要只提出问题，而是要进一步针对问题提出解决方案。行有余力时，不妨适时伸出援手帮助默默做事的同事争取他们应得的功劳与瞩目。

- ▶ 团队合作时，常常难以厘清每个人的贡献，特别是在由背景与经历相似之人组成的团队中，有成员提出相同的构想是常有之事。

▶ 人的思维受到认知偏见的影响，会导致我们高估自己对群体的贡献，总觉得自己做得比别人多、发挥着更大的影响力，应该获得更多回报。

▶ 事前做好工作分配，彼此沟通协调并达成共识后再开始工作，并在最后确认大家是否完成了自己分内的工作。

▶ 重视每个人在工作过程中投入的时间与心力，而不仅仅依照最终成果来给予奖励。

▶ 上司定期与下属面谈，了解工作过程中是否有问题，以便及早发现和处理。

第三章

▼

职场恶霸

「仗着自己有靠山，就越级掌控公司的各种决策，凡事都要按照他们的意愿行事。」

约翰"曾经"是公司里的重要人物，他是第一个得到豪华汽车购车津贴的员工，同事们为此相当不满，但大家又能说什么呢？他不仅谈判技巧高超，也对汽车品位很有研究，所以也算能善用这笔经费。

约翰刚进公司时的第一个上司是汤姆，他是资深员工，行为举止谦和有礼，虽然有着粗壮的身材但嗓音浑厚又温柔。大家都很喜欢汤姆，他有优秀管理者的许多特质，不仅善于处理人际关系和冲突，还很注重细节，而且基本上是个安分守己、规规矩矩的人。

不过，汤姆有个弱点。

虽然他擅长化解下属之间的冲突，但如果是自己与他人发生冲突，他总是难以妥善处理。汤姆害怕惹别人生气，他会认为别人的情绪是自己造成的，所以和汤姆谈事情时，只要对方表现得够坚决，甚至稍微提高点音量，他通常都会屈服。

自收到录取通知，踏进公司的那一刻起，约翰就发现了汤姆的弱点，他提出了许多不合理的要求，汤姆都勉强答应了：自己的秘书得为约翰报税，新来的实习生还要帮约翰制作家庭相簿。当其他人都在为了争取奖金而努力工作时，约翰只需要不断消磨汤姆的精神，让他疲惫不堪，就能得到自己想要的东西。

事情只要一没有顺约翰的意，例如告诉他"对不起，约翰，你的需求不是优先考虑事项"，就足以把他点着。他会马上变得情绪激动，说话的音量渐渐提高，虽没有到大吼大叫的程度，但也足以让人动摇。约翰会不断朝对方逼近，距离近到对方连他脸上的毛孔都看得清清楚楚。他还会像个没礼貌的孩子般开始指手画脚。虽然他这样的行为并不恰当，但也没有真正触到公司的底线，所以公司也没办法采取什么措施来制止他。

汤姆非常讨厌面对这种情况，所以无论约翰要求什么他都答应。而约翰只要能得到他想要的，就会心甘情愿且很有效率地完成工作。他的才干令人望尘莫及，工作效率是其他人的三倍之多，这正是约翰能得到高档汽车津贴的原因。虽然约翰的态度令人不敢恭维，但他也算是汤姆的得力助手。只要汤姆不在，约翰就会接手他的工作，因为其他人不是经验不足，就是即将退休，没人能像他这样协助汤姆。汤姆心里清楚约翰对团队的贡献，所以也只能尽量照着他的意思让他开心。

意外的是，汤姆比原计划的时间早了五年退休。

退休派对上，大家一致认为约翰将宣布汤姆为他的接班人，但令人出乎意料的是，苏珊接替了汤姆的位置。苏珊是一个刚正不阿且坚守原则的人，她不参与那些"秘密勾当"与"内部交易"，对待约翰这种私底下予取予求的人很有一套，因此能得到这个职位。据说，高层已经听闻约翰的恶霸行为，所以才另寻接替汤姆的人选。

苏珊上任后，约翰一直想找机会与她共进午餐，聊聊他们接下来的"合作计划"，然而苏珊断然拒绝了他。一周后，约翰拿着汤姆两年前写给他的字条去找苏珊。字条上写着："等我退休后，我的办公室就是约翰的了。"苏珊看完后在内心翻了好几个白眼，想拼命忍住笑意，却还是忍不住笑出声来。他们两人的关系也变得更加微妙。

苏珊对所有人一视同仁，她制定了一些规则，避免有人盛气凌人地把所有好处占尽，也确保公司里的秘书和实习生不会遭受剥削。这样的做法让约翰深感恐惧。

约翰真的很讨厌被人拒绝，但他拿苏珊没辙。既然之前的手段对新上司不管用，那他就在其他地方展现他的控制欲。

约翰坚持加入公司的招聘委员会，在他参与的招聘中，只要求职者与他的"理念"不符，就会马上被他刷掉。理念不符的情况有千百种：有一个人是因为三年前在自己的领英（LinkedIn）帖子的评论区和约翰发生过一些争吵，还有一个人是因为在社交平台上转发了约翰宿敌所写的文章，而让约翰心生不满。

约翰说："真不敢相信她竟然还有勇气前来应聘。"招聘委员会的成员们不敢置信地面面相觑，其中一位委员说道："我根本不记得我转发过什么东西，难道他一整个晚上都在研究求职者的社交媒体内容？"

没错，约翰正是这么做。其他人或许不在意，但他认为有必要通过社交媒体搜集求职者的更多信息，对他们进行"审查"。

这种情况持续了三个月，整个招聘委员会都精疲力竭。因为约翰拒绝合作，造成大家在工作上窒碍难行。约翰总在自己团队的会议上发表长篇大论，发泄自己的不满。几名员工眼看事情已发展至不可收拾的地步，索性就辞职了。事实证明，约翰如果不能按自己的方式行事，就会变得疯狂且失控。

顺我者昌，逆我者亡

▼

约翰这种人在职场上并非特例，我们可能都遇到过这样的同事——善于争取各种好处，而将其他人蒙在鼓里，这时候如果出现像苏珊这种坚决不让步的人，他们就会变本加厉。

这些职场恶霸不只会大吼大叫或长篇大论，他们大多在职场上经验老到，不惜一切代价只为得到自己想要的东西。有些人可能因为担任过决策者，一直走不出角色。我们学术界就有很多这样的人，通常会从"我以前当系主任时……"开始他们的长篇大论。就算那已经是二十年前的旧事了，他们仍想用当年的经验来教育现在的系主任该怎么工作。

有些人则是在原本的工作中握有一定权力，但去到新的环境还放不下身段，希望能够继续指点江山，无法接受别人不把他们当回事。还有一些人是因为具备了重要的工作技能，所以比其他人掌握更多决策权。举例来说，业绩超好的销售员通常能决定很多事情，包括员工聚会的地点、聚餐邀请的对象，或是提名下一任总经理的人选。

职场恶霸大多是团队中不可或缺的角色，所以能以此威胁上司来达到两个主要目标：第一，主导集体决策的过程；第二，让上司无力阻止他们。有些人会私下威胁上司，还有些人会在公共场合像野生大猩猩般捶胸顿足、张牙舞爪，恨不得让所有人看看谁才是真正的老大。很多上司都会被折磨得气力殆尽，最后像前文中的汤姆一样屈服了。

　　这样的职场恶霸如果没有得到想要的东西，绝不会善罢甘休。与媚上欺下者和功劳小偷的不同之处在于，他们通常不会试图掩饰自己的行为，也不怎么在乎有没有给人留下好印象，只要能获得想要的东西，其他都无所谓。

　　因此，他们可以说是少见的能做到表里如一的职场小人，台面上与私底下的行为差不了多少。无论是在一对一会议、团队视频会议或公司聚餐时，他们都喜欢打断别人说话、对上司提出无理的要求，或是自顾自滔滔不绝地说话，浪费大家的时间。

如果发现同事有以下行为，就要特别提高警觉。

▶ **他们会像媚上欺下者一样抢占先机：**可能在会议才进行五分钟，大家都还在进行自我介绍、彼此寒暄，或团队正要开始讨论提出的计划时，他们会抢先开口，尝试主导整个场面。

▶ **让团队没有他们就无法运作下去：**喜欢藏私，只有他们知道某种新软件工具的使用方法，公司的各种密码也都掌握在他们手里。

▶ **有位高权重的人作为靠山：**你可能会觉得奇怪，他们的小孩怎么跟董事长的小孩一起踢足球，或是跟局长的小孩上同一所大学。他们大多也曾身居高位，多少能靠关系来获得自己想要的东西。

▶ **欺压软弱的上司，使其屈服：**上司如果只专注于工作、与员工脱节或是逃避冲突，就很容易成为他们下手的对象。

他们如何展开行动？

▼

有次我跟朋友说，我正在写该怎么识别欺压上司和同事的职场恶霸，他笑着说："就算相隔千里也能听到那些人的声音！这部分完全可以跳过不写。"

我以前也认为他们像工作场所的"塔斯马尼亚恶魔"*（Tasmanian Devils），不断扰乱团队工作进程、制造不必要的冲突，但现在我觉得用特洛伊木马（Trojan Horse）来形容他们会更为恰当，因为他们能够潜入目的地并控制团队整体运作，导致后患无穷。

我们大多数人容易把各种早期的危险信号合理化。虽然觉得拉里发表言论过多，但他身为主管，由他来主导会议谈话也是正常的吧？米娜在人才招聘方面拥有丰富的经验，既然她能做得这么好，还坚持自己一手包办，那又何必让其他人知道该如何使用这款新的招聘软件呢？

有时，要好几个月之后，我们才能意识到，我们一直以来依赖的人正在利用我们的支持推进自己的计划。我曾见过，即使是最高效的管理者也拿职场恶霸毫无办法——会议只剩五分钟了，还

---

* 袋獾，被称为塔斯马尼亚恶魔，是一种有袋类食肉动物，身形与一只小狗差不多大，但肌肉发达、十分壮硕。袋獾以它那独特的号叫声和暴躁的脾气著称。塔斯马尼亚的早期居民因为被夜晚远处传来的袋獾可怕的尖叫声吓坏了，因此称它们为"塔斯马尼亚恶魔"。——编者注

有十个项目没有讨论（职场恶霸一直在讨论自己的工作项目），时间被白白地浪费掉了。有些人可能就摸摸鼻子认了，有些人则会在时间压力下失去耐心，进而引发各种平时不会有的冲突。

　　职场恶霸还是挑拨离间的高手，说些"你真的认为凯尔西有把团队伙伴的利益放在心上吗？"之类搬弄是非的话，在周围的人心中埋下猜忌的种子。或是在开会前设法拉拢与会的同事，如果十个人之中能有五个站在他们那边，那么剩下的五个就很难团结起来反击，甚至不可能获得发言机会。

　　接下来就让我们更深入地了解，职场恶霸会为团队带来什么样的问题。

◆ 从一开始就让团队成员对他们产生依赖

　　团队刚成立时，大家都会想要弄清楚彼此之间的权力地位和等级关系，有些人自然而然地成为领导，取得团队的支配权；有些人则容易落入追随者的境地，不常参与决策，说出的意见也很少获得重视。通常拥有相关知识与经验较为丰富的人能获得更多权力，但有时候愿意承担别人不想做的事，也不失为一个争取权力的好办法。

　　在第一章，我们谈到及早取得权力的重要性，例如在会议的前几分钟抢占先机。如果在初始阶段团队成员就对你产生了信赖，他们往往就会愿意给予你支持，你就能获得更多决策权。媚上欺下者会用这种方式让上司和他们站在同一阵线；本章所介绍的职场恶霸则希望借此成为团队中的支配者，在工作中为自己铺路，之后无论想要什么都将更容易得手。

事实上，他们大多数时候都在做一些看似无关紧要的事，像是学习没人愿意学的新软件、帮忙维护和更新公司网站，或是每周负责与不受欢迎的 HR 主管会谈。这些似乎都跟争取权力扯不上关系，但如果没有他们来承担这些事务，公司业务进程就会出现卡顿，甚至无法顺利推进。劳拉就是苦主之一，我们接下来就来聊聊她的故事吧。

劳拉告诉我："有个职位一直空着，我们已经连续招聘了三年，还是没有招到合适的人，如果再过一年还是招不到人，董事会就会把这个职位的预算挪作他用。"我和劳拉一起检视整个招聘流程，试图从中找出问题所在。我发现每年的应聘者人数其实都非常多，劳拉说他们其实对自己要找什么样的人非常清楚，但因为公司的选才标准过于严苛，所以才招不到人。我问她招聘工作由谁负责，她笑道："当然是迈克！他设计了一套招聘程序系统，只有他一个人会用。"

那是什么系统？

在这个职位开启招聘的第一年，迈克开发了一个招聘程序系统，这个系统会依照应聘者的工作年限和最高学历等条件，将简历自动分类并编上索引。多年来，人力资源部门的负责人一直很希望用这样的方式简化和加速招聘流程，刚好迈克会写程序，并且愿意帮忙，于是负责人就委托他来负责此事。

因为迈克是招聘程序系统的开发者，他就顺理成章地成了面试会议的组织者，掌控每位应聘者的面试时间和面试流程。劳拉说："迈克通常只会让他喜欢的人进入面试流程，但其中的大部分人都没能受到其他面试官的青睐。"当迈克心目中的理想人选落选时，他便会让招聘活动没办法顺利进行，从而浪费了大家不少时间。

迈克并不是那种有潜力能被提拔为管理层的人，但他具备别人没有的技能。他凭借着这项技能，让团队对他产生依赖，并享受随之而来的权力，进一步掌控团体决策的过程。

因为迈克，其他招聘委员们陷入了进退两难的境地——若是把迈克踢出招聘委员会，大家可能得多花二十小时整理各种资料；若是让他留下来，大家又会继续被他控制。

❖ 让管理层彼此反目来削弱管理者的力量

就算心中有再多不满，一般员工也不会直接写邮件给首席执行官抱怨。因为越级向超过两个层级的上级领导申诉或抱怨，不仅可能失去直属主管的支持，也容易失去同事的信任。而职场恶霸却经常这么做，还能在职场上过得顺风顺水。

职场恶霸之所以能混得很好，是因为他们大多是资深员工，早已摸透公司的所有规则和每个人的习性，知道谁是软弱的管理者，以及如何引发管理层彼此之间的矛盾和冲突，最后坐收渔翁之利。

我在凯尔身上见识到了这类职场恶霸是怎么用这种方式来达到自己的目的的。

戴尔是带领凯尔团队的中层领导，因为扩大业务的需求，想招聘一个与凯尔同职位的新员工。戴尔上面有个负责最终录用签核的总经理鲍勃。戴尔与鲍勃因为某些鸡毛蒜皮的事，互看不顺眼已长达数十年。

最初，戴尔与鲍勃因为想要同一间办公室而发生争执，双方"结下了梁子"，甚至上演摔盆栽、扔对方马克杯等行为，非常有戏剧性。随后他们之间的竞争又慢慢演变成职位上的竞争，戴尔不满鲍勃的职位比他高，还经常一副得意扬扬的嘴脸。他们还曾经与同一个女生约会，两人都坚称是自己先开始的，战火就此一发不可收拾。

因为鲍勃比较小心眼，看起来更容易被利用，所以凯尔选择鲍勃为下手的对象。

凯尔私下跟鲍勃说："真搞不懂戴尔在干什么，常常做错误的决定，让大家承担后果，我们都快被搞疯了。拜托你做点什么吧，我们现在真的需要像你这样强大的管理者。"

鲍勃听信谗言，驳回了戴尔提交的录取人员名单，戴尔为此感到非常愤怒。而事情完全是照着凯尔的剧本走的。他利用高层主管的自尊心，不费吹灰之力，就神不知鬼不觉地收获了他想要的结果。

这听起来像是媚上欺下者会做的事情，对吧？职场恶霸之所以能走到今天这步，也是因为本身具备一定的媚上欺下的能力。

职场上遇到这种人该怎么办？

一旦我们开始反击，职场恶霸肯定会用更强力的动作响应。不过这也不难理解，职场小人都不是好惹的，而且职场恶霸背后大多有靠山，使他们靠着丰沛的人脉无往而不利。

难道我们只能默默承受吗？绝非如此。只不过我们得先权衡利弊得失，知道什么该做、什么不该做，并且确定哪些战斗值得发动。

要如何知道是否值得一战？答案取决于职场恶霸对我们的影响有多大，是只会控制我们日常工作中的一些小细节（如会议日程、面试时间以及公司聚餐的地点），还是会影响关乎我们职业生涯的重大决策（如招聘流程、加薪、升迁和职位调动）。

就我个人而言，我只有遇到后面的情况时才会反击。我在前面提到过，职场恶霸会接下别人不想做的工作来掌握权力，你如果因日常工作中的小事跟他们翻脸，就要有心理准备，那些工作可能都得由你来扛。

你如果想打赢漂亮的第一仗，就继续看下去吧。

首先，我会提供即时的解决方案，说明如何提升你的话语权。接着，我会谈到长期战略——知道要做好哪些计划和准备，才能真正阻止他们对你予取予求。这两者并不冲突，因为再多的准备都不为过，毕竟他们有强大的靠山。

我曾无意中听到有个职场恶霸对她的上司说："如果你保持安静，让我说话，我之后会让你好过一点。"

上司急于摆脱她，也只能同意了。

在反击过程中，你遇到的最大阻碍通常是你该怎么让他们的靠山愿意站在你这边。

即时解决方案

▼

◆ 尽早发表意见，抢占发言机会

因为时常参加远程视频会议，我养成了一个"坏"习惯，如果我不想听某个人说话，我就会在这个人说话时把播放器的音量调小。有时候我还会无聊到开始计算能把大家"静音"多久。有次我就这样度过了四小时安静的幸福时光，同事们竟然都没有发现。

如果在现实生活中也能这样对某些人按下静音键就好了。

可这不可能发生，所以只要有人问我："我怎么才能让那些人闭嘴？"我通常会回答："比起这个问题，更重要的应该是我们怎样才能学会勇敢表达意见，并让自己的意见受到重视？"

以下三种技巧，能助力你在会议中让大家愿意听你说话，即使是有职场恶霸在场的情况下。

第一，尽早发言，不要等所有人都说完了再说。职场恶霸会在会议的前几分钟就力求表现，趁大家还来不及开口就抢先发言，你也该这么做（但不要表现得太夸张）。你如果资历尚浅还不好意思开口，也不要等到你的老板或者其他掌权者点名再发言，因为这样可能要等到天荒地老。只有聪慧的老板才会有意地给予下属发言的机会，因此你得自己主动一点。

第二，如果发言被打断，就要尽量想办法不让职场恶霸发言。经过我研究发现，抢别人的发言机会通常遵循相同的模式：假如A正在讲话，被B打断了，然后B能讲十秒钟不被打断，那么B就算抢到了发言机会，可以继续发言。你如果很难自我维护，可以跟几个同事先讲好，如果有人遇到发言被打断的情况，其他人就出手相救。我刚进公司还不敢捍卫自己权力的时候，第一次遇到有人跳出来帮我："你能不能让泰莎说完？"我感激涕零，因为那时的我还没有准备好说"让我说完"。

在视频会议时代，这件事情变得更有难度了。由于大家都显示在小框框里，我们失去了非语言沟通最重要的交流形式——眼神交流。彼时，你无法再用眼神和肢体语言暗示："玛德琳，拜托帮忙让这个人闭嘴！"更糟的是，有些视频会议只显示发言者的画面，一旦发言机会被抢走，根本没有人看得到你。因此，你在参加视频会议时，更有必要提前和同事约定好，别指望有人能读懂你的非语言信息。

第三，发言时要简明扼要地表达。这看似违背了我们的直觉，难道说得天花乱坠、滔滔不绝不是更容易说服别人吗？事实并非如此，人集中注意力的时间本来就很短，马蒂·南姆科的"红绿灯法则"就十分贴切地点出了这个事实。谈话刚开始的20秒是"绿灯"，大家的注意力会集中在你身上，你说什么都很有成效；接下来的20秒为"黄灯"，听众在渐渐失去兴趣；40秒过后就转为"红灯"，这时你再说什么也没有意义了，因为大家可能已经开始想接下来的假期计划了。如果是视频会议，那大家想必已经开始网上购物了。

在第二章中，我们讨论了如何在工作中获得话语权，让功劳小偷无从下手。虽然职场恶霸和功劳小偷看起来类似，但其实不尽相同。第二章中说的掌握话语权需要平时下足功夫、长时间累积，而本章所谈到的则是当下以"快、狠、准"的方式发表意见。

❤ 告知上司

当我告诉我的同事兼好友埃里克，我在视频会议上使用了静音键时，他大为震惊。这并不是因为我的行为，而是因为他居然没有意识到自己在会议中浪费了宝贵的四小时。我提醒他，虽然史黛西在会议中说了一大堆话，但有用的信息非常少，仿佛她只是从嘴里吐出了许多文字形状的空气。

大多数人都和埃里克一样，不太注意别人说话的时长。我们会记得他人提出的观点，但不会记得他们花了多长时间才讲到重点。会议通常会变成那些掌权恶霸的独角戏，而且我在研究中发现，权力大的人要比权力小的人多花三十秒才谈到重点。

不过，几乎不会有人注意到这三十秒就这样被白白浪费。

该怎么解决这个问题呢？我在会议前会下载记录谈话时间的应用程序，为的是少一点直觉，多一点证据。如果其他人对前述的情境深有同感，你也可以请他们这么做。在收集到足够多的证据后，你就可以去向上司报告了。

那应该怎么表达比较好呢？让老板知道你是在顾全大局，而非出于一己之私；让老板知道很多人没有机会在会议上发言，导致许多与工作相关的好点子被埋没或整个团队的效率不高。在第二章讨论功劳小偷时，我提到过团队中若有多元观点将有助于提升决策质量，我也会跟上司特别强调这点。

◆ 善用问题人物来解决问题

很多时候，对脑中一闪而过的念头，我们不一定会说出口，但职场恶霸总是想到什么就说什么，常常不自觉地把内心的想法一股脑儿地说出来。

你可能已经忍无可忍，想要直截了当地叫他们别在会议上长篇大论，但我并不建议这么做。我曾经遇到过一个职场恶霸，我很清楚他有多爱面子——如果有人直接说他话太多，他肯定会恼羞成怒。因此，我有次和他聊天时，刻意聊到有位新同事总是不好意思在会议上发表意见，然后问他能否帮帮那位同事。我对他说："如果有人打断斯蒂芬说话，可不可以请你挺身而出，让斯蒂芬把话说完。"大家都喜欢受人重用的感觉。因此，给予他任务，既能让他有用武之地，又能让其他人有发表意见的机会。有些人是真的不知道自己占用了这么多时间，所以不妨说服这些人善用他们的长处，对他人有所贡献。

保护自己的长久之计

▼

◆ 别过于依赖会写程序的迈克！

前面提到的迈克因为具备别人所没有的特殊技能，逐渐掌握了团队的决策权。当团队里有迈克这样的角色时，多数人会抱着"多一事不如少一事"的心态任由他们扛下重任。坦白说，十有八九我也会这样做。

可这么做之前，你必须先思考几个问题：这个人平时会对上司予取予求吗？如果投票结果不合心意，他们是否会坚持重来，直到满意为止？他们是否会打断别人说话，然后自己讲个不停？如果上述回答都是肯定的，你就得谨慎行事了。

劳拉和整个团队需要迈克开发的系统来减轻工作负担，他们不想得罪迈克，所以没有将他踢出招聘委员会，而是另外制订了一项新人培训计划。他们让迈克每周用几小时来教导两位新员工使用招聘程序系统。这样即便迈克因工作轮替而离开了招聘委员会，也不至于让整个团队的工作青黄不接。在培训计划一开始，迈克迟迟不愿意放手分享操作方法，但几个月后他发现让其他人学会使用系统可以给自己省下不少时间，所以也逐渐接受了培训计划的安排。

在团队的编制上投入越多前置作业时间，就能省去越多麻烦。规划工作流程、建立岗位轮换机制，可以避免团队决策权受制于特定的人，也不会在工作分配上劳逸不均。当团队中有人不愿分享自己所知的信息时，你就得提高警觉，避免让他们掌握大权。

避免让职场恶霸单独掌控的十件事

▶ **公司重要系统的账号及密码**

▶ **公司网站的维护和更新**

▶ **新软件工具的使用方式**

▶ **"受保护"档案的权限（如应聘人员资料）**

▶ **大家的工作日程安排或工作日志**

▶ **计算机程序设计和数据分析的代码**

▶ **公司资料的存取权**

▶ **老板每日的行程安排（无论老板是假装没空，还是真的很忙碌）**

▶ **公司预算**

▶ **意见反馈报告**

◆ 传播他们的所作所为

约翰因为没有获得汤姆的办公室而大吵大闹，在苏珊那里吃了闭门羹后，他将目标转向苏珊的上司弗兰克。约翰当初是弗兰克亲自面试录取的人，而弗兰克通常会答应约翰的要求。然而，这次弗兰克并没有帮他，因为他的"事迹"早已传到公司高层，这也是高层没让约翰接手汤姆职位的其中一个原因。

弗兰克对约翰说："为什么非得要汤姆的办公室，新大楼的办公室不也很好吗？大家都觉得办公空间宽敞一点会比较好。"约翰感到很沮丧，但从那时起他的气焰收敛了不少，人也变得好相处多了。

传播其所作所为是一种非常有用的监管方法。职场恶霸虽然不太在乎平辈同事的眼光，但他们可是相当在意高层（特别是还有利用价值的主管）对自己的看法。有些时候，仅仅是威胁要让他们声名扫地，他们就不敢胡来了。

◆ 结盟

职场恶霸如果做得太过火，往往就会引发众怒。

还记得前面提到的凯尔吗？两位主管鲍勃和戴尔之间的战火

本来就已经熊熊燃烧，凯尔还在火上浇油。几经操作，团队其他成员都很不解为何多数人决议选出的录取人总被主管驳回，但没有人发现是凯尔从中作梗。

最后，团队成员终于得知事情真相（有人在男厕所打听到了消息），决定找机会接近鲍勃，并说服鲍勃再这样和戴尔继续针锋相对下去对任何人都没有好处。

他们提醒鲍勃："戴尔不是你的敌人，他想要扩大团队，这其实对你也有利。"鲍勃虽然不是直接带领团队的人，但算是团队的上级主管，如果能扩大团队规模，引入更多人才，将项目做得有声有色，鲍勃也升迁有望。有位同事语重心长地对鲍勃说："这对我们大家都有利，何乐而不为？"

这个方法奏效了，鲍勃意识到，自己这样挟怨报复并不能真正得到快乐与平静。

同样深受其害的人彼此结盟，大家联合起来往往更具说服力，也比较有机会把主管拉到同一阵线，不让职场恶霸继续为所欲为。

◆ 尽早制定规则

拉尔森的团队做出的决策大多是以多数人意见为最终决议的，但这只是大家逐渐形成的默契，并没有明文规定一定要用多数表决制。拉尔森的上司非必要也不会主动制定正式的流程规范，所以这算是不成文规定。有一天，投票表决的结果不如拉尔森所愿，他提出异议，要求这项决策要经过全部人一致同意才能通过。有些与拉尔森交情很好的墙头草随之起舞，结果成了支持和反对拉尔森这两派人马的对决。

如果事先制订好决策规则，拉尔森也没办法钻这种漏洞，在决策过程中随意更改决策制度。要是职场恶霸喜欢在会议上滔滔不绝、剥夺他人发言的时间，我们也可以制定相关的会议规范来应对，比如每个人都发言一次，一轮后仍有时间，才能进行第二轮发言。拉尔森利用流程不清晰的问题刻意引发冲突，有些人则借机要大家用他们那套规则，还自以为是"解救"团队于水火之中。然而，团队可能处于混乱失序的状态，成员们很渴望有规则能遵循，就算那些规则不符合团队的最佳利益，大家也愿意接受。

虽然十多年来大家可能都有共识使用多数表决制，但这仍与书面形式的规定不同，因为没有明文规定，所以不具有强制力。不过，现在开始制订规则也不晚，大家不妨暂停手边正在进行的工作与决策事项，先来共同讨论制订规则，尽可能白纸黑字地详尽写明，可以视需要增修和调整内容。

◆ 指定会议计时员

会议上总有人净说些无关紧要的话，然后坚持在最后五分钟讨论不在议程内的事情，还察觉不到别人各种含蓄的暗示（如翻白眼、叹气）。他们当然也不可能理会马蒂·南姆科的"红绿灯法则"。

有时大家为了顾及主管或同事的面子，会捧场地给予点头和微笑等正面回应，但他们可能误以为自己讲的内容很精彩，因此越讲越起劲。除非有人制止他们，否则他们真的会讲个没完没了。

十分钟过去了，主管可能还在讲他三十年前的丰功伟绩，而且似乎再讲一小时也不会停，这时候就凸显了计时员的重要性。会议计时员能负责提醒大家依照议程进行会议，严格把控每个人的发言时间。我如果有时间就会担任这个角色，大家都为此十分感激。

◆ 满足他们想受人瞩目的渴望

有些人其实无意掌权，只是渴望受人瞩目才会急于表现。对这种人得采取不同的应对方法，先思考他们的动机是什么，是想要受到肯定、被需要吗？若是如此，不妨多考虑要分配什么样的工作给他们，不一定是多重要的工作，但一定要让他们感觉到自己获得重视并且有所贡献。然后每次会议的前十分钟先让他们报告工作进度，满足他们想要获得关注的欲望，接下来的五十分钟大家就可以好好讨论正事了。

我也曾在职场恶霸身上浪费了许多时间，眼睁睁地看着他们掌握了各种决策权，小至墙壁油漆的颜色，大至十年招聘计划，而我总是事后才感到懊悔不已。

我们可能在当下会感觉不对劲，但看到其他人都无动于衷，我们就会怀疑是自己想太多。由于存在多数无知*（Pluralistic Ignorance），我们往往对职场恶霸一筹莫展。还有很多人想阻止却无能为力，不知从何下手处理遇到职场恶霸的状况。

本章介绍了一些短期及长期的应对措施，你若能付诸行动，将这些措施变成习惯，就能慢慢夺回被浪费的宝贵时间。

---

* 多数无知，也称多元无知，这是一个心理学概念，指在群体中，个人拒绝某种事物，但错误地假设其他人都接受它，也就是说可能在群体中得到支持的观点和看法，实际上大多数人内心是不接受的。——编者注

重点复习

- ▶ 职场恶霸通常是资深员工，拥有丰富的经验、人脉和内幕情报，让他们能够掌管决策，连上司也无力阻止。

- ▶ 他们做的第一件事就是获得权力，有些人会通过比别人抢先发表意见这种方式，有些人则会用自己具备的特殊技能，让团队没有他们就难以运作。

- ▶ 他们还会进一步掌握决策权，并且主导会议、为所欲为，浪费大家的时间。

- ▶ 应对方式是尽早发表意见，想办法不让别人打断你、抢走发言机会，并在二十秒内简明扼要地表达自己的观点。

- ▶ 多数人都不太会注意别人说话时间的长短，我们可以和同事一起使用能记录会议时间的应用程序来收集证据。

- ▶ 通过制订培训计划、建立岗位轮换机制这类措施，不让任何人掌控团队的命运。

▶ 做任何决策前先制定规范，尽可能白纸黑字地详尽写
明，才能避免有人趁机钻漏洞。

▶ 传播职场恶霸的所作所为、让他们声名扫地是一种很
有用的监管方法。或是与同样深受其害的人结盟，大
家联合起来往往更有力量。

▶ 有些人只是渴望受人瞩目才会急于表现，给他们安排
一份合适的工作，并且在每次会议一开始就先请他们
报告工作进度，让他们有"被需要"的感觉。

▶ 虽然你可能觉得为时已晚，但现在开始一点也不迟，
我们还有机会从头来过，尝试不同的策略。

『善做表面功夫，老板在的时候表现得特别努力，其他时候则是浑水摸鱼。』

法国农业工程学教授马克斯·林格曼注意到，他的牛单独拉重物时，总是懒懒散散，三番两次地在途中停下脚步晒太阳。林格曼心想，牛可能跟人一样"人多好办事"，需要借由团队精神激励士气，所以他让几头牛以团队合作的模式一起拉重物。让他失望的是，结果非但没有达到预期的效果，这些牛还变得更加懒散，三四头牛合力和一头牛单独工作的速度居然一样。

那人呢？人类应该跟农场里的动物不一样吧？

林格曼邀请了二十位年轻人进行了一项实验，比较一人组、二人组以及多人组的拔河比赛，观察参与人数会对参与者有什么影响。结果发现，参加拔河比赛的人数越多，每个人所付出的力气反而越少。在八人组成的团体中，个人投入的精力比单独行动时少了一半。

也就是说，团体合作时人越多，个体投入的努力反而越少，并不会达到力量叠加的效果。这一实验结果被称为"林格曼效应"（有趣的是，林格曼实际上并不是心理学家）。这一效应后来又被不同的科学家反复验证。在社会中，这种现象又被称为"社会惰化效应"（Social Loafing Effect）或"搭便车问题"（Free Rider Problem）。不分文化、阶层，各行各业只要是有赖于团队合作的工作，都会出现这种问题。

你的就是我的

▼

我曾经在职场中遇过很多搭便车惯犯，现在回想起来，常常还是想不透他们为什么总能侥幸逃避工作。

我原本以为搭便车者只会出现在氛围本来就松散、懈怠的团队，强大的团队不可能有这种人。然而并非如此，协作良好的团队其实更容易让人有坐享其成的机会，这种团队往往具备三大特质：责任感、凝聚力和集体奖惩。如果你所在的团队具有这些特质，虽然不能说你绝对会遇到这类职场混蛋，但势必有一定程度的风险。

所以说，单独工作就不必担心吗？当然不是。许多搭便车者也会以个人为目标，被选中的人通常是空降主管或新进人员，急于让人看到他们的工作成果。职场上慷慨大度、不懂拒绝的滥好人也经常是被锁定的目标。

应对搭便车者，要点就在于有没有及早发现其存在并采取预防措施，还要拿出绝对不能让步的底线，让对方知道你不好惹。

本章的目标是为你提供一些应对方法，让你团队中的搭便车者无法再坐享你努力取得的工作成果。不过，我会先深入探讨容易出现搭便车行为的外在环境因素。

ꓔ

如果发现以下情形，就要特别提高警觉。

▶ **搭便车者通常会抢着做表面上看起来很重要，实则不需要付出太多努力的工作：** 非常擅长担任年会的演讲者和主持人，但烦琐的前期准备工作好像都不关他们的事。

▶ **职场过于注重团队合作，而没有重视个人的贡献：** 依团队表现发放奖金、讲求团队合作精神、不在意个人责任归属的公司是搭便车者的最爱。

▶ **他们在职场上很早就"少年得志"：** 搭便车者可能因为拥有某些专业知识及技能，大学毕业初入职场就可以拿到高额工资，然后期待可以一直不劳而获。

▶ **和媚上欺下者一样，领导看着他们时表现得很卖力，其他时间则是浑水摸鱼：** 和领导开会时往往能提出创新独到的见解，会议结束后就别指望他们有任何贡献了。

让团队中搭便车现象滋长的三大特质

▼

◆ 责任感

责任感是大多职场佼佼者具备的一个特征。大家都喜欢与责任心强的人一起工作，他们可靠、纪律严明，能让团队快速步入轨道。如果团队中有几个这样的人，他们通常会在实际的工作中扮演主导的角色。

但如此一来，也为搭便车者创造了投机取巧的大好机会。

此话怎讲？尽责的人会愿意多做一些事情，来弥补成员的不足，以顺利完成团队的任务。想象一下，有只饥饿的熊破坏了蜂窝，辛勤的蜜蜂会一心一意努力修复蜂窝，连偷懒蜜蜂的那份工作也一肩扛起，甚至有可能过度补偿，建造出的蜂窝甚至比原本的更加坚固。

职场上也会出现这种情况，设想有个 5 人组成的团队，其中一人完全"躺平"，照理说其他 4 人会平均分担这个搭便车者本该负责的 20% 工作量（每人约 5%）来弥补那个人偷懒的部分。但奇怪的是，他们都做的比 5% 多。要是没有那些不劳而获的人，团队能做到的程度绝对不止现在这样。尽职尽责的人通常对自己要求特别高，而且害怕失败，遇到这种情况会刺激他们想要更努力、更尽责。

因为有他们加倍努力来弥补团队的不足，结果反而比没有搭便车现象的团队有更好的表现，团队也获得了更多赞赏。

我职业生涯中遇过最精明的搭便车者绝对非德里克莫属，他有长达两年的时间几乎没有做任何工作。德里克文笔很好、幽默风趣，但同时也"样样通、样样松"。他最擅长指派任务、交办工作，总能找到合适人选来承接各项工作，安排得妥妥当当。德里克常用这三招：第一，积极给领导汇报团队工作，给领导一种他本人承担了很多工作的假象；第二，用电子邮件给每个人指派工作，但绝不会算自己一份；第三，专门负责一些只需要展现魅力的"工作"（有人帮忙写讲稿，让他在台上尽情表现）。德里克看起来在工作上有所表现，也很受人欢迎，完全颠覆了搭便车者终日无所事事的刻板印象。

德里克将工作平均分配给十个人，大家也都很负责任，所以没有人因工作负担过重而感到不对劲。是后来到了公司裁员时，团队从十人缩减至四人，才慢慢有人注意到德里克只会出一张嘴，其实什么事都没做，而这时候他已经坐享其成整整两年了。

◆ 凝聚力

凝聚力是维持团队存在的必要条件，丧失凝聚力的团队如同一盘散沙，难以沟通且工作效率低下。职场上，凝聚力通常能有效抑制搭便车行为的发生，因为团队成员彼此之间感觉越亲密，就越有动力一起为团队目标而努力。

不过，一旦彼此熟络起来，关系变得紧密，心思便不容易放在工作上，而会花比较多的时间社交互动。想在工作中交朋友是很自然的事，有10%～20%的人是在职场上遇到自己的另一半的。然而，大家往往会因打成一片、相处融洽而放松警惕，不太会去注意谁做了哪些工作，就算真的发现有人浑水摸鱼，也有可能为了维护情分而不去揭露，以致让搭便车者有机可乘。

我以前在职场上也有过类似的经历，虽然有人成天"摸鱼"、聊天、谈论上司的感情八卦，但团队整体表现亮眼，感觉大家都有出一份力，但仔细回想，才发现有些人根本什么也没做，真正在做事的都是我们这些认真负责的人。

卡罗琳就是这样的人，她讨人喜爱、人缘很好，在社交方面得心应手，但在工作方面完全不行，遇事容易不知所措，只要有点压力就崩溃大哭，还会在关键时刻情绪失控。比起要她协助处理团队工作，还不如让她待在一旁休息或帮大家订晚餐（卡罗琳是个"吃货"，所以也算是让她发挥了所长）。

后来，我们也尝试着给她一点工作上的压力，要她多少对团队做些贡献，但她总是能找到各种看似合理的借口（"很抱歉，昨天因为网络出问题，所以没办法参加线上会议”或“我上周有其他工作要赶在期限内完成，所以现在才有时间来帮助大家”）推脱，从来都不承认是自己的问题。

卡罗琳让我想起了北卡罗来纳大学瓦西里·塔拉斯（Vasyl Taras）教授和他同事的研究，他们访问了 77 名搭便车者，尽管许多强而有力的证据（例如每周多次遭投诉）表明这些人在团队中确实没做什么事，但他们中只有 35% 的人愿意承认，43% 的人表示这并不全然是事实，22% 的人彻底否认——要让搭便车者承认自己的行为真的很难。

以上研究的受访者也和卡罗琳一样，寻找各种貌似合理的借口来为自己开脱。有些人会说他们忙于其他工作；有些人则说办公软件总会出现各种问题。

我们一般会认为这些人应该跟其他团队成员处得不好，其实不然。瓦西里在研究中还发现，只有 7.8% 的搭便车者曾与人发生冲突，大多数搭便车者和其他团队成员都还能像朋友般相处融洽。

◆ 集体奖惩

过去一年来，我注意到集体奖惩制度渐成趋势，有研究指出，超过一半的上市公司采用不同程度的集体绩效薪酬制度，也就是企业会以团队绩效为依据来给予个人薪酬奖励。有些企业认为若是采取反映个人绩效表现的奖酬制度，会助长马基雅维利主义（Machiavellianism），员工会为达目的不择手段、不愿承认错误、滋长嫉妒心理，同时也容易产生怨恨情绪。相较之下，集体奖惩更能激励大家朝着共同的目标而努力。

这种理念有其合理性。一旦人们意识到团队中只有一人能获得奖金，大家就可能变得像《蝇王》（*Lord of the Flies*）里的男孩般彼此竞争、自相残杀。更糟的是，有些公司会利用同侪评价（团队成员之间相互评价）选出评分最高者给予额外奖金或更大的加薪幅度，这种方式足以毁了整个团队的动力和士气。如果每个人都有为团队的成功作出相应的贡献，那集体奖惩应该是较为公平的制度。

然而集体奖惩也有其问题。因为容易分不清谁做了什么，大家也会失去社会学家所谓的评估潜力（Evaluation Potential），也就是丧失评估与衡量个人出力程度的能力。评估潜力是揪出团队中社会性惰化（即搭便车）行为很有效的一种指标，而集体奖惩制度让个人贡献变得无关紧要，往往很容易出现有人偷懒的情况。

其中的逻辑显而易见，然而还是有许多老板认为，团队应该为了整体利益而共同努力，不应该用个人贡献评估团队成员。这种做法相当危险，尤其是有些人本来就缺乏内在动机，工作上总提不起劲，一直觉得自己可有可无，最后他们也干脆"躺平"——反正公司是以团队整体表现给予奖惩。这也在无形中助长了抢功劳的风气，功劳小偷最喜欢这种不强调个人贡献的环境。

20 世纪 90 年代，我上高中的时候，曾在一家录像带出租店打工，我的工作任务之一是手动将录像带倒带到最前面，才能再放回架上让下一位客人租借，虽然录像带上贴有"请好心倒带"的标签，希望客人还片时先倒带好，但几乎没什么人会真的帮忙倒带。因此，每天大约有两百个录像带平均分配给一起轮班的五个人处理，起初，我都会很认真地把自己负责的那部分处理好，但一个月后，我发现老板并没有追踪这项工作的进度，奖金的发放取决于整家店出租的录像带数量，而不是一个人把录像带倒回原位放回货架的速度。后来我也不再倒带，上班时开始与同事聊天，谈论跟谁一起去参加舞会。因为这家录像带出租店不重视个人努力，所以也没有员工愿意"好心倒带"了。

集体奖惩本身并不是坏事，只是老板不能完全忽略个人贡献。球队里要是有一两个明星球员，而老板又将每次比赛获胜的原因归于他们，大伙可能觉得，既然他们就能带领球队获胜了，又没人监督自己的表现，自己又何必拼得汗流浃背呢？

常会采用集体奖惩制度的团队

团队主要分成以下两种类型：实际做事的团队（执行或制作团队）和进行决策的团队（项目团队），集体奖惩在这两者中都很常见，下面举几个例子。

1. 产品开发团队：团队要一起"创造新事物"。
2. 销售团队：在任何人获得嘉奖前，整个团队必须一起达到某个销售目标。
3. 制作团队：整个大规模团队会再细分成许多小组别，所有人共同努力来完成某件大事，比如拍电影。
4. 招聘团队：整个团队需要成功招聘一定数量的员工。

努力到一定程度，就能不用做事也坐领高薪

在硅谷，像谷歌这样的科技巨头为了留住众家争抢的全球顶尖人才，开出高薪毫不手软。因此这些公司里产生了一群拿着高薪却不需要做太多工作的工程师，为公司带来了巨大的损失。

这就是所谓的"躺着数钱"（Rest and Vest）文化。

正如一位谷歌工程师所说："当你的年薪已经高达五十万美元，而且几乎没有上升的空间后，你还有什么动力努力工作呢？"

纽约大学也有同样的问题。因为纽约房价相当昂贵，所以学校会提供高额补贴的公寓给教授，来招揽和留住人才，这样才能与美国其他房价较便宜地区的大学竞争。问题在于，这些教授退休后必须搬离学校提供的公寓，加上终身教职受到保障，因此他们都不愿退休，但也没有做好自己的分内工作。他们就和硅谷的那些工程师一样，坐拥高薪和豪华公寓，过得太安逸反而失去了动力。

为什么公司会制定这样的政策？很多管理者向来爱才、惜才，认为给这些人才好的工作环境，除去障碍，会让他们心情愉悦进而产生源源不绝的动力和灵感。也就是说，制定这类政策的人认为，优秀的人肯定在各方面都表现得很优秀，怎么可能怠惰。可惜人的本能往往是懒惰的，即使是天才也不例外。

这就像是孩子还没把作业写完，你就先给他巧克力吃。巧克力都已经吃进肚子里了，孩子怎么还有动力继续写作业？

只有被看见时才会积极表现

▼

美国俄亥俄州立大学教授罗伯特·劳特（Robert Lount）和

他的同事偶然发现了一个奇特的现象。无论是哪种类型的团队，位高权重的人只有在工作表现会被看见时，才会善尽自己的本分。不会被看见的部分，他们就容易偷懒。就连飞行员这类高风险职业也会出现这种情况。

原因很简单，我们都期望地位高的人能拿出更好的表现。他们也是因为当初表现优异，才有今天的地位。若为了让自己立于不败之地，就得"在大家面前"加倍努力。

我们通常会认为，专业团队都是由专家组成，位高权重的专家肯定做事认真负责，无论有没有受到关注都会努力工作。我们只需要特别注意与监视那些低级别的人，因为这些人尚未证明自己的价值，对组织的忠诚度似乎也没那么高。然而，罗伯特的发现让我们了解到，地位高的人虽然也曾积极卖力，但在职场上爬到一定职位后，他们不一定能继续保持原先的冲劲。

前面提到整整两年没做什么事的德里克就是利用了这一点。大家总会觉得，他以前工作尽心尽力，升上小主管后应该也不会差太多吧，对他的印象还停留在他以前积极进取的一面，殊不知他早已变得投机取巧。我们的思维存在着某种偏见，看到的通常是自己想象中别人的样子，但他们不一定真的是这样的人。我也是花了几年时间、经历几次裁员后，才终于意识到这件事。

设定界限

▶ 如果搭便车者拜托你帮忙收拾残局，还要你不能告诉
别人，千万要拒绝！因为私底下帮他们对你有害无益。

▶ 如果搭便车者问，安排聚会活动能不能算作他们工作
表现的一部分，千万别答应！虽然他们觉得这样做值
得被感激，但这些事对推动团队的工作进展毫无帮助。

▶ 如果搭便车者自视甚高，坚持他们不需要做更多工作
来"证明自己"，别理他们！无论是怎样的出身，团
队中人人都要有所贡献。

▶ 如果认真负责的团队成员跟你说："与其逼迫某某人
做事，不如我们把他的工作分一分做了还比较快。"
不要答应！因为某某人一旦尝到甜头，便会食髓知味。

▶ 如果老板或上司说："团队每个人各自贡献所长，别太
计较，我会均分奖金。"（礼貌地）提出异议！因为
这种团队恰是搭便车者的最爱。

搭便车者退散

▼

既然已经知道团队容易出现搭便车者的原因以及他们的动机，那你该怎么预防呢？这里将介绍避免这类事情发生的四个步骤。

◆ 第一步：定期进行公平性检查

想遏制搭便车行为，最基本的原则就是讲求公平，无论是工作分配、奖励发放或最终决策方式都要力求公平，如有不公平的现象，便会降低大家工作投入的程度，也会有人开始打诨"摸鱼"。

你如果觉得团队里有搭便车者，可通过以下做法来检查公平性。无论团队工作进行到什么阶段，随时都可以开始进行检查。

第一部分： 项目开始时，请团队成员一起列出每个人的任务清单，以便我们知道谁负责哪些任务。

第二部分： 项目结束时，请团队成员填写简短问卷来确认每个人的进度。问卷包含以下四个问题。

1. 完成了任务清单中的哪些任务？

2. 过程中是否遭遇意料之外的阻碍（例如某些工作花了比预期更长的时间）？

3. 有没有帮忙处理别人的工作？如果有，你做了哪些额外工作？

4. 有没有观察到其他团队成员在做不是他们分内工作的事？

（最后这个问题对凝聚力强的团队尤其重要，团队成员们彼此感情很好，大家通常觉得自己帮帮朋友只不过是举手之劳，但如果看到别人遇到这种情况，或许比较愿意举报。）

这四个问题是检查团队"健康状况"的重要指标，其中蕴含着能让我们及时发现搭便车行为的重要信号。如果上司愿意参与这项公平性检查，那再好不过，然而即使上司没有参与，团队也可以自行检查。每次不妨换不同的负责人进行团队健康检查，效果更好。

我常在想，如果德里克的团队进行了公平性检查，那情况会是如何。德里克的任务清单完全空白，其他人回答第二部分的第 3 题时，答案应该都是他们有帮忙处理别人的工作。实际上，帮德里克做他那份工作已经变成大家的坏习惯。研究指出，我们在养成某种习惯回路后，就不会再去思考，这种习惯会变成一种自动自发的行为。就像问烟瘾重的人今天抽了几根烟，他当下肯定答不出来，还要算一下才能回答道："十根，一不注意就抽了半包。"

把一切摊在阳光下接受检视，才有机会摆脱积习已久的坏习惯。如果团队成员习惯性地接受有人搭便车，公平性检查能帮助我们及早发现问题并提出解决办法（稍后会详细介绍）。

有些人可能担心被贴上"管太多"或"不信任团队"的标签，

所以还在犹豫是否提议进行公平性检查。在比较随性、且战且走的组织中，这种担忧还会加剧。我建议先与一些成员私底下进行一对一交谈，听听他们的意见。一定有人也早已忍耐许久，并想要改变现状。就找这些人谈吧。理想情况下，你应该能找到几个愿意支持你并受人尊敬的团队成员。

提出建议的过程中难免会遇到质疑和反对的声浪，通常反对的人本身就大有问题，这些改变能让他们彻底现形。你所要做的就是尽可能争取支持，当支持的力量大过反对的声浪，公平性检查就能顺利进行。

◆ 第二步：无论工作有多混乱，都要如实记录内容

如果工作的不确定性较小，你就可以用我前面提到的两个做法来检查公平性。然而，并不是所有工作都能提前规划好每周任务列表，有些工作的节奏很快，没到最后一刻都还会有变数，每天醒来都不知道会发生什么事情，消防员的工作就是如此。

这种情况下，与其一开始就列出每个人被安排的任务，不如等忙完之后再把工作内容记录下来。因为人们常误以为自己已记住某些事项，而记忆其实很容易出错，尤其是经历了一天的"兵荒马乱"之后，所以事后核查很重要。最好在展开工作后就马上

开始记录。瓦西里访谈搭便车者时发现，大多数人在工作开始前都会强烈否认自己偷懒，等到工作正式开始进行或工作结束后才比较愿意承认。

不论有没有搭便车者，负责任的人都特别容易被要求"能者多劳"。美国密歇根州立大学周炽教授和她在杜克大学的同事发现，处在高压的工作环境中，较负责任的团队成员会自然地被分配到更多的工作，尽管他们已累得半死，依然会要求自己在每件事情上尽善尽美，而上司也知道他们无论如何都会把事情做好。

"能者"在高压下还是会尽力把事情做得又快又好，上司因此大大低估了完成工作所需的时间，最后还要他们将成功的果实与浑水摸鱼的人共享。

说起来，我对我的团队成员有点不好意思。我曾针对产业会议进行过一项实验，与会者都是企业高管甚至是首席执行官，我研究团队的成员们被指派去请与会者用吐口水的方式直接将唾液吐入试管内——我需要用这些唾液样本进行皮质醇水平测试来了解他们的压力程度。

这么收集样本实在不是个好主意。想象一下，大家聊得正开心，突然有个研究助理走到你面前说："请将唾液吐进这个管子里。"结果可想而知，完全乱成一团。

研究团队中比较积极的人在会议期间非常认真地采集与会者

的唾液，有些人则跑去咖啡店偷懒，索性来个眼不见为净。最后我们好不容易花了六个小时收集到六十管唾液样本，但我一点也不记得谁做了哪些事。这也验证了周炽及其团队的研究发现，在高压环境下，团队中负责任的成员做得越好，派给他们的任务就越多。在一天结束后，因为我没有记住他们各自的贡献，所以奖励最终还是人人均分。

你的上司在高压状态之下，肯定也容易和我一样，因为过于紧绷而忘记谁做了什么。作为上司，我也非常需要执行公平性检查，好让我了解当时哪些人付出了更多。

◆ 第三步：刺激良性竞争

虽然一般人认为竞争不利于团队内部的合作，但有研究指出，良性竞争能大大减少搭便车现象发生的概率。如果团队内部有良性的竞争环境、适度的社会比较（Social Comparison）氛围，就能推那些偷懒的人一把。

在团队中进行社会比较的一个常见策略，是告诉员工他们的工作表现将被评估和排名。因为排名垫底实在太丢脸，所以大家往往会为了保住尊严（与工作）而变得积极负责。

但注意，最好不要把最终的排名公开。你可能以为公布排名，大家看到自己的位次后会因此奋发向上、急起直追，但结果往往不是如此。

　　美国普渡大学经济学教授戴维·吉尔及其团队的研究发现，公布排名可以激励团队前几名和最后几名成员，却会使其他的人失去动力。表现优异的员工通常无法接受失败，所以会更努力维持自己的排名；表现靠后的员工则怕工作不保，也会稍微加紧脚步跟上大家。但大多数员工都是介于这两者中间，发现自己表现平庸而感到沮丧，觉得反正自己也赢不了那些优秀的人，反而会因此失去超过 10% 的动力。

◆ 第四步：工作过程中庆祝每个达到的小小里程碑

　　20 世纪 60 年代，研究人员曾进行过一项实验，他们先让老鼠学会使用只要按下按键就能获得食物的装置。然后在笼子里放一碗食物，老鼠可以选择是直接吃那碗食物，还是通过按按键来获得食物。大部分的老鼠都会特地去按按键，也就是说，动物本能上喜欢通过劳动或付出代价来取得报酬，这称之为"反不劳而获"（Contra-freeloading）。在自然界里，这是很常见的现象，研究人员对鸽子、长颈鹿、鹦鹉和猴子等动物做这项实验也得到了同样的结果（猫咪例外，如果有食物放在猫咪面前，它们当然是直接开吃了，怎么可能还去按按键，各位"猫奴"们应该也不会对这个实验结果感到太意外吧）。

人也是如此。说到员工激励，多数人首先想到的就是物质上的金钱奖励，但过度给予金钱奖励可能造成反效果，硅谷"躺着数钱"文化即一例。实际上，如果员工对工作有热忱、能够乐在其中，他们也会有"反不劳而获"的行为。举例来说，许多顶尖销售员就算已经达到当月业绩抽成的上限，还是会用心完成每一个销售流程，他们享受的是这整个过程，因为受到客户的认同和看到成交结果会让他们感到很有成就感。

换句话说，人要是真心喜欢自己的工作，就不太会有不劳而获的想法。

所以减少团队中的搭便车行为最简单的方法之一，就是给员工自主权，因为员工拥有的自主性越高，就越能乐在工作，例如建立弹性工作制（员工可自行选择上班时间是十点至十八点，还是十二点至二十点）、根据完成的工作量计算工资（而不是根据工时）。此外，在公司添置零食柜和打造舒适的休憩区，也可以提升员工在工作中的幸福感。有时候，可能只是在休憩区多摆上一台胶囊咖啡机，让员工每天能省下买咖啡的钱，就会让他们在工作期间更快乐。

公司在推行大型项目时，通常会将其细分为多个小项目给不同团队分工合作，每个人仅参与其中的一小部分。这时候团队成员可能因为目标过于远大，在执行的过程中看不到方向和尽头，导致失去持续工作下去的动力。所以说，与其把心力放在遥不可及的远大目标上，不如在过程中庆祝每个达到的小小里程碑，给予团队肯定与鼓励，让大家更全面地了解项目的运作，这些措施都有助于提高动力。

此外，还要想办法让员工远离工作倦怠，避免工作内容过于单调乏味。与其日复一日地做重复单一的工作，不如让他们有机会参与到不同方面的事务，鼓励他们换换工作环境，不要一直待在办公室的工位上，可以尝试去公共空间或户外办公，或多变换不同的沟通媒介（如果每天都开视频会议，真的会让人产生"视频疲劳"）。

我曾经进行过一项与宠物相关的研究，我的团队成员虽然对这项研究缺乏兴趣，却没有人主动告诉我自己不喜欢这个研究主题，只是工作态度逐渐变得不积极，特别在我不注意的时候更是如此。而且这项研究需要搜集一百位参与者的资料，步骤相当烦琐冗长，又需要注意很多细节，更让大家提不起劲了。

为了提振士气，我是这么做的：每完成一些小目标，我就给予成员一些小奖赏，比如每次搜集完十位参与者的资料，我就会订比萨犒赏大家。另外，我原本都是根据团队成员的工作安排来划分职责，但我后来慢慢去了解每个人比较喜欢哪方面的工作，有些人喜欢协助受试者穿戴生理测量设备；有些人喜欢摄影记录或检查设备这类不太需要与人接触的幕后工作。于是，我开始依照个人喜好来分配工作。

大家开始真正享受自己正在做的事情，还会在完成分内工作之余，主动帮忙做别人的部分，让团队的研究工作能更顺利地进行。

怎么对付只会坐享其成之人？

▼

我们从小就被教育"新教工作伦理"（Protestant Work Ethic），这并不是宗教，而是一种"勤奋工作即荣耀"的观念，强调努力工作是人的神圣使命，并且相信追寻世俗上的成功是一条通往救赎的道路（不论好坏，童年经验塑造了我们对这个世界的认知）。

跟我一样被灌输这种观念的人大多无法容忍搭便车行为。我们想要公开揭露或羞辱他们，来达到遏制的效果。然而，公开纠正通常只适用于极端不当的行为（如性骚扰），多数时候当众指责并不是好做法，对方如果觉得在众人面前丢脸，往往会以逃避、抗辩及麻木来面对。

德里克就出现了这样的反应。团队成员香黛尔发现德里克的搭便车行为后，感到气愤不已。

香黛尔在走廊跟她的同事兼好友米娜哀叹道："德里克居然把所有工作都丢给他的新实习生，真希望这懒鬼被炒鱿鱼。"接下来几周，香黛尔仍不断到处讲这件事，八卦很快就传遍了整个办公室。

德里克有因此改变吗？完全没有。得知自己臭名远扬后，德里克觉得大家都私底下讨论他的事情，十分没有面子，他无地自容，所以和团队越来越疏离，不想跟大家有所接触，做的工作甚至比以前更少。

因此米娜尝试了另一种方法。她找了海蒂帮忙，海蒂拥有一张可爱无害的脸蛋并且平时为人非常仗义。为了不让德里克觉得大家联合起来对付他，她们先派出海蒂单独和他谈谈。

"德里克，我想跟你聊聊。"海蒂说，"我们知道你可以为团队带来相当大的帮助，有源源不绝的创意，客户也很喜欢你，你还很擅长演讲。但最近我们觉得你对团队的事越来越漠不关心，其他人因此必须承担更多工作。"而海蒂随后也让德里克有解释的机会。

搭便车者不一定带有恶意，有些人可能是因为工作或生活上有太多其他事情要操心，所以想能少一事就少一事，或因为之前被领导长期的微观管理而消磨了斗志。不妨借这样的谈话来了解他们遭遇的困难，并协助他们克服。就德里克的状况而言，他其实也讲不出什么合理的借口，但重要的是海蒂能先让他卸下心防，之后大家就能一起想办法解决问题。

我们从瓦西里及其团队的研究中，可以了解到搭便车者大多都不会承认错误，所以指出这些人问题时，他们往往会为自己辩解，就算有些人的借口听起来很具有说服力，也别让他们轻易脱身，而是要先让对方感觉受到重视，再一起安排工作计划，帮助他们调整步调，慢慢找回工作动力。

只有在对搭便车者以礼相待但还是无法解决问题的情况下，我们才需要不留情面地当众指责。我在第一章有谈到如何向上司报告媚上欺下者的问题（"心平气和地跟上司沟通"这部分），那些建议在这里也适用。因为你不了解上司的立场，而且就某些层面来说，上司放任不管才会出现今天这种局面，他们也要负部分责任，所以若劈头就指责、批判搭便车者，甚至进行人身攻击，也会让上司没有台阶下。批评人之前应表扬在先，先提出他们的优点，再指出问题，然后提供建设性的解决方案。上司都忙得很，如果能提出中肯的建议而不只是提出问题，他们应该会更愿意听听你的抱怨。

时间小偷

▼

并非只有在自己的工作团队里才会遇到搭便车的人，其他部门的同事、熟人和朋友的朋友也有可能把你弄得精疲力竭，偷走你的时间。

我先生杰伊是滥好人，很多人都会找他帮忙。他的行程表上有个"与创业者共进午餐"的行程——他大学挚友的朋友刚创业，周末来纽约的时候想向他寻求创业的建议（杰伊说因为对方是挚友的朋友，无论如何都应该去碰个面）；还有人因为想申请研究生，所以来询问他该怎么准备；另一人则想向他请教如何提升播客的听众人数。可以说，杰伊的时间都被一点一滴地"偷"走了。

某个人如果有一定社会地位，又是出了名的乐于助人，就容易有各式各样的请求找上门来。在我认识的人当中，只有杰伊会响应所有请求，部分原因是"多数无知"，他以为大家都会这么做，另一部分原因则是他比一般人更乐于奉献。

我提醒他，职场上多数人其实都跟我一样，散发着一种"离我远一点"的冷漠气质。我的电子邮箱里还躺着上千封请求帮忙的未读信件，但杰伊一封都没有，他早就全部回复完了。

杰伊遇到的时间小偷各种各样，有些同事碰到问题懒得自己想办法，就会直接找他帮忙（也许他们同时给五十个人发了邮件，但只有杰伊会认真回邮件）。这些人很好对付，只要回一封邮件教他们怎么使用谷歌搜寻答案，虽然这样调侃对方可能有点刻薄，但确实能解决麻烦。

还有些积极主动的人因为渴望提高自己的地位，所以会想尽办法接触身份地位更高的成功人士，向他们讨教秘诀。这也合情合理，许多人认为多认识人是成功的第一步，好像跟越多人攀上关系就越有机会，有些人还会在酒吧里"乱枪打鸟"，总会遇到愿意回应的人（杰伊就是会回应的那种人，某个高中生就是在纽约大学的研究室主动找杰伊聊天，两人才结识的）。

　　避免花太多时间与这些搭便车者打交道，让自己每个月只响应一定数量的请求（譬如说一个月最多五个），再多就不行了。你可能因此感到内疚，担心没有自己的帮忙，别人就会完蛋，但其实这些人没有你的帮助也会找到办法的。

　　拒绝之后，别继续与对方来往或过多互动，时间小偷就像聪明的电话销售员，深知通话时间越长，成交概率越高的道理。

　　若是在办公室开门工作，时间小偷很容易不请自来。总是有人"顺道拜访"杰伊（我就没有这个问题，我都把办公室门关紧）。他犯的第一个错误是邀请他们"坐下"，他们一旦屁股坐到椅子上，就像黏住了一般，很难离开。我教杰伊与对方在办公桌和门之间的尴尬空间进行简短的交谈。站立谈话没有那么舒适，自然能缩短谈话时间。

　　我曾浪费许多时间为搭便车者找借口，相信不少人也是如此。搭便车者大多是受欢迎、有魅力的人，只是在时间管理方面遇到了困难，或不知道怎么面对并正确地处理工作压力。了解什么样的团队容易让人有坐享其成的机会，就能及早做好应对策略来预防这种情况发生。

重点复习

▶ 强大的团队其实更容易让人有坐享其成的机会，这种团队往往具备三大特质：责任感、凝聚力和集体奖惩。

▶ 要特别小心那些声誉良好的同事，他们曾在工作上有所表现，也很受人欢迎，完全颠覆了搭便车者终日无所事事的刻板印象。

▶ 地位高的人虽然也曾积极卖力，但爬到一定地位后，不一定能继续保持，他们通常只有在被看见时才会积极表现。

▶ 如果老板或上司放任不管，没有自上而下的监督，搭便车者就会利用团队的责任感、凝聚力和集体奖惩，一旦这种现象得不到有效地遏制，不好的风气就会传染，到最后所有的人都会偷懒。

▶ 我们可以借公平性检查了解个人出力的程度，及早发现危险信号。

▶ 虽然有些工作很难提前计划好，但可以在展开工作后就马上记录下来。上司通常不会记得谁做了什么，大家的记忆也容易出错，所以随时记录是最好的。

▸ 良性竞争能大大减少搭便车现象发生的概率。可以针对员工表现进行排名，但不要将排名公之于众，公布排名只会激励前几名和最后几名，却会使其他的人失去动力。

▸ 人要是真正享受过程、乐在其中，就不太会一直想着不劳而获。让员工拥有更高的自主性，并在过程中庆祝每个小小的里程碑，都有助于提高工作上的动力。

▸ 当众指责搭便车者并不是好做法，对方觉得在众人面前丢脸，往往会以逃避、抗辩及麻木来应对。

▸ 你可以专注于搭便车者的优势，先让对方感觉受到重视，再一起安排工作计划，帮助他们调整步调，慢慢找回工作动力。

第五章

什么都要管大师

『插手别人的所有工作细节，让人觉得不被充分尊重及授权。』

66 我几乎每次想去洗手间，都会在途中被凯伦叫去做东做西，上

周好不容易有两次没被拦住。每次被指派工作后完全没有一点
休息空当，更别提途中喝杯咖啡喘口气了！这不正常吧？"

这是我朋友麦特遇到的问题。麦特和他的上司凯伦原本分属
不同楼层，凯伦虽然紧迫盯人，但也只是发没完没了的电子邮件。
几个月前，麦特的工位被调到了凯伦附近，也更方便凯伦事事过问、
亲自关心进度了。

社会心理学中有个概念"功能距离"（Functional Distance），
指时空上的接近与否是人与人之间彼此熟悉、增加互动的一个客
观外在条件，即实质距离有助于创造实际的互动。我们会特别关
注距离办公室工位三米以内的同事，而光是差一个楼层就差很多，
上司即使是控制狂通常也懒得爬楼梯。

凯伦是个典型的微观管理者（Micromanager），坚持参与麦特工作的每个细节，无论是提案还是电子邮件的签名，甚至连使用的字体样式她都要管。凯伦总是在细节上固执己见，从不会着眼于全局。哪怕是一些无关紧要的口误，她也会洋洋洒洒写三大段的信来纠正麦特。我认识的记者之中，麦特的工作时间最长，却没有太突出的成绩。和他同期进来的同事都纷纷升迁，但麦特迟迟等不到升职的机会。这种主管因为过分注重细枝末节的小事，很多工作都难以完成，常常花了很多心力，成果却总是不理想，连带影响到自己的下属。

"被凯伦时时刻刻盯着的感觉如何？"我问。

"和凯伦共事就跟照顾蹒跚学步的孩子一样。"麦特说，"我正想做些自己想做的事情时，思绪就会被她打断。她一直没办法放下心，不断地以电子邮件、短信、假装路过等方式来问我工作进行得如何，这种不被信任的感觉真的让人很挫败，也令人感到精疲力竭。"

凯伦就如同一台坏掉的一氧化碳侦测器，哔哔声响个不停，但它装设在天花板上，太高了，麦特够不着，无法按下停止键。你以为自己能慢慢适应这种声音，却怎么也习惯不了。

见树不见林

▼

微观管理者是最常见的职场混蛋。大约 79% 的人在职业生涯的某个阶段经历过被微观管理，其中 69% 的人为此考虑过辞职。89% 的雇主认为员工离职是为了赚更多钱，但实际上只有 12% 的员工跳槽是为了赚更多钱；大多数人离职都与上司的管理方式有关。可惜我们通常都会忍耐退让或放弃离开，而不是勇敢地面对并改变现况。

我遇到过的微观管理型领导跟凯伦很像，他们不尊重我的个人空间和个人时间，标准反复无常，又抱持着不切实际的期望。虽然我无法完全避开他们，但会尽可能地把办公室的门关好，或刻意绕路避开，我还为此记住了他们的脚步声。

直到后来我升上主管，开始以更高的视野看事情时，我才恍然大悟：微观管理者像是一座漂浮在海面上的冰山，水面上露出的一小部分强势霸道，而水面下更庞大的部分是疏忽大意的一面。高压的微观管理方式会影响你的日常工作，疏忽大意则会影响你整个职业生涯。一个人的时间是有限的，主管由于花过多时间在"监控"下属，往往忽略了真正重要的事情，比如学习沟通技巧、规划未来，以及快速而准确地做决策。

记者最怕遗漏大新闻，但麦特总是为了应付凯伦大大小小的要求而错过重大新闻。新闻业竞争激烈、讲求速度，这样的行业容不下连字体大小和段落缩排都要"大管特管"的主管。凯伦不只见树不见林，根本就是在把每棵树都当作盆景一般小心翼翼地照料呵护——任何小小的枝丫都不能越界。

麦特如果继续在这种主管底下工作，他的职业生涯就毁了，因为只能报道一些无关紧要的小新闻。

隔周，我邀请麦特和他的同事卡里尔一起喝一杯。

"凯伦这周仿佛人间蒸发了。"麦特说，"奇怪之处就在于，我要么每天被她多次疲劳轰炸，要么足足两星期全无她的音讯。"这就像网络交友可通过回复信息的速度判断对方是否有意愿继续发展下去，有兴趣的通常三十秒内就会回复，不然应该就没戏唱了。（在职场上这样的相处模式可不算好！）

"这样很棒啊。"卡里尔毫不带讽刺地说，"麦特，当你快乐享受着清静时光时，凯伦正在我耳旁碎碎念呢。"

这样的"控制狂"主管没有心力指挥所有下属，所以会轮流对不同的人进行严格管控。有时大小事都要过问，有时又像被流放至网络收不到信号的偏远地区，让人不知所措。

凶

如果发现以下情形，就要特别提高警觉。

▶ **主管交付任务没有设定合理的时间安排和区别轻重缓急：**大至提案和预算的删改，小至上司退休派对上主视觉的调整，因为他们认为所有事情都同样紧急，便会十万火急地交代下属必须马上处理。

▶ **每当你快习惯主管的"疲劳轰炸"时，他们随即消失无踪：**紧迫盯人型主管没有足够的心力给所有下属同等"关爱"，所以他们会轮流锁定不同目标。下属某天可能收到几十封电子邮件或信息，隔天主管就突然音讯全无。虽然这下总算耳根清净了，但由于没办法得到任何答复，很多工作都迟迟无法推进。

▶ **交办许多枯燥乏味的无用工作，让下属瞎忙：**整理储藏室的箱子、按字母顺序重新排列文件、以不同颜色标签来对档案柜进行分类，这些都是微观管理者可能要求你做的事。

▶ **失去综观全局的视野：**你可能长达数周都在编制预算，

> 却不知道这笔钱到底要花到哪里去？含有超过一百张幻灯片的大型项目汇报，你却只负责其中十张，对其他几十张的内容一概不知？如果你和微观管理者共事，他们喜欢巨细无遗地做出精确的指示，让你只剩执行的份，而你将永远看不清事情的全貌。

他们为何要进行微观管理？

由于管理者本身性格存在着差异，所以造成这种情况的根本原因不尽相同，但对他们有初步的认识和判断确实有助于应对这类问题。

◆ 管理层级太多

管理层级较少的组织通常更容易做出高质量且迅速的决策。也就是说，如果很多决策明明只需要一位主管批准就够了，却总是要给三四位主管层层向上审批，效率就会不高。

如果管理层级太多，管理者就可能因为太闲而变得整天鸡蛋里挑骨头。特别是性格认真负责或控制欲强的人，虽然这样没事找事做根本没有意义，但相较之下闲着没事对他们来说更加痛苦。

　　我曾在一家咖啡店工作，店里有轮班经理（制定每周排班表）、助理经理（监督每周排班表）和资深经理（加强监督每周排班表），这家小店根本不需要这么多人监督，结果每次我想和同事换班，都必须经过三个人批准，真是噩梦一场。

✦ 他们认为这种管理方式能让下属的工作绩效更好

　　很多人误以为严密监控下属可提升其工作表现，因为有人盯着的时候，员工就不得不认真，因此会表现得更好。许多工厂的管理人员都会如此监视生产线的工人。

　　微观管理者更是对这种想法深信不疑，科学家称之为"对监督效果的信念"（Faith Insupervision Effect）。美国斯坦福大学商学院的教授杰弗瑞·菲佛及其团队对此进行了一项巧妙的心理学实验，这项实验要求受试者想象自己是营销经理，对下属制作的手表广告加以评分。第一组人只看最后的成品，第二组人监督整个过程但不能给下属意见，第三组人能在制作过程中不断提出修改建议。每组受试者最终看到的都是相同的广告，三组之间的差异在于受试者参与程度的高低。

实验结果是什么样的？第三组受试者打出的分数比前两组高很多，他们认为自己参与得越多，设计出来的广告就越好，也就是说，人倾向于认为自己有参与或与自己有关的计划，都会因为自己参与其中而变得更好。

问题在于，微观管理者会将这种逻辑套用到所有工作事务上，他们相信在自己时时刻刻的监控下，下属的工作成果会更为出色。

❖ 他们没有受过训练

大部分主管都是因为在原本的职位表现优异，才有机会晋升管理岗，他们本来就不清楚怎么当主管，也没有受过与管理相关的专业训练。他们往往会被一些著名的"成功"企业领导人误导，比尔·盖茨、杰夫·贝索斯、史蒂夫·乔布斯和埃隆·马斯克都曾夸耀自己是不折不扣的微观管理者，他们全身心投入工作，近乎疯狂地注重细节，但这种对细节的极致追求时常是以牺牲效率为代价的。

能够带来最大利润的决策通常是既正确又快速的。厉害的主管能够两者兼顾，快速又正确地做出决策，只可惜大多数主管都做不到。有些主管可能受过一些训练，有办法在速度与质量之间二择一，但通常还是很难兼顾两者。难怪麦肯锡（McKinsey &

Company）在 2019 年针对 1 200 多名员工的调查中，发现很多人认为决策时间长并不代表决策的质量就会比较好。"熟"不一定能"生巧"，主管还是必须经过专业训练才行。

❖ 他们已经找不到事情给你做

不是每个人工作都很忙碌，每天被永远做不完的事情追着跑，我发现，我有些同事似乎无事可做时就会找一些事情来"装忙"。

对微观管理者第一次派给我的毫无意义又无聊乏味的任务，我记忆犹新。我当时还很年轻，在从事销售工作。有天狂风暴雨，没有客人上门，我的主管艾伦看不下去我们站在店里闲着没事，所以吩咐我们去储藏室，先把所有的衣服按尺码重新排列，再按颜色由浅至深排列。她一说出口，我就知道她对我们的工作内容一点也不熟悉，这样的要求完全没道理，按尺寸排列确实有助于快速帮客人找到衣服，但有没有按颜色排列根本没区别。

艾伦也不是在故意浪费我们的时间，她只是想不出我们还可以做什么。一年后我才从同事杰森口中得知，在那个风雨交加的日子，我们百无聊赖地排列衣服时，另一位经理找了其他销售人员就如何向客户追加销售进行了一次有趣的非正式培训。

我发现艾伦带的人都没有被找去参加那次培训，因为其他主管也觉得艾伦很烦人，所以他们有意排挤她，连带她的下属也无辜遭受波及。

◆ 出于恐惧

你很难找到一个自信、无畏的微观管理者，这类型主管的动机往往来自恐惧，对自己在组织中的权力和地位极度缺乏安全感。也许是新官上任想求表现，或是觉得自己地位受到威胁，担心一有什么差错位子就会不保，因此会极力避免出现任何动荡。

我的主管艾伦，是在公司招聘了另一位销售经理乔之后，才开始倍感压力，进而变成了那副紧追盯人的模样。当乔待在店面的时候，艾伦会要求我每十五分钟将柜台擦拭一遍（这是服装店，可不是面包店），就像鬣狗般拼命地捍卫自己的领地，艾伦想让大家知道我是她的人，会听她的话做事。

有些微观主义者可能本身具有完美主义性格，或所在的公司文化十分讲求完美，所以他们做什么事都小心翼翼，害怕失败与犯错。他们以为事无大小、事必躬亲就能避免出错，但最后往往因小失大、铸成大错，导致来不及完成重要任务或失去真正优秀的人才。

该怎么办？

▼

网络上可以找到各种与微观管理者相处的小技巧，例如了解主管的期望并建立信任、让上司相信你有能力独立作业、设定边界。

我对网络上那些建议完全没有异议，但这无法从根本上解决问题。微观管理者不一定是对下属缺乏信任，有些是被错误的管理观念误导，像误以为严密监控能让下属的工作绩效更好、让下属"忙起来，即使那些任务不重要"也总比什么都不做要好。更何况，遇到这种问题时，也不是说一声"你可以信任我"便能解决问题的。就如同感情中缺乏安全感的人很难信任对方，有的人工作上也同样没有那么容易与他人建立信任关系。

若想找出切中要害的解决对策，必须先扪心自问："我的工作值得我待下来吗？"

我们大多数人在职业生涯中的某个阶段都有过瞎忙的经历，在毫无意义的事情上浪费时间，我父亲称之"可以陶冶性情、塑造人格"。然而，我们通常都希望减少不必要的工作内容（除非你喜欢这些工作，而且对升迁缺乏兴趣，那就没关系），而多花点时间在有助于自身职业生涯发展的事情上。

为此，我们需要把眼光放远，越过微观管理者，多接触其他圈子的人，就像第二章提到的方法，与各种不同岗位上的员工建立联系，拓展自己在职场上的人际网络，从中获得公司的各种情报，他们能帮助你了解大局，你也能回头看看自己所做的工作是否与公司整体目标脱节。

我曾见过一个同事埃里克，主管要求他写周报，而他每周也都会花很多时间精心写好周报，交上去后才继续处理别的事。他觉得自己工作认真，应该升迁有望，但等了两年都毫无动静。埃里克这才发现他辛辛苦苦做出来的周报都还在主管桌上，埋没在资料堆里，主管根本连看都没看。

过分拘泥于小节的主管往往也容易惹恼更高一层的主管，所以他们被分派到的都是一些无关紧要的工作，而这些事情自然会落在你头上。我曾询问一位资深经理，他是如何与手下的微观管理者相处的，他告诉我："我如果没办法摆脱他们，就会设立委员会让他们去管理。虽然那些委员会可有可无，但至少能让他们不要来烦我。"

要是你的主管也被边缘化，甚至还被老板指派去做各种徒劳无功的事，那么留在这家公司无疑对你的职业生涯有害。因为管理这种形同虚设的委员会，就算做得再怎么出色，十年后也不可能成为公司的高层主管。

但如果你很喜欢自己的工作，想继续待在这家公司，只是讨厌上司的工作模式，不妨参考我提供的一些做法来改善情况。

和主管沟通的秘诀

▼

这类职场混蛋最核心的问题在于，管理在他们眼中代表着"控制"，也因为权力不对等，大部分人觉得生杀大权掌握在主管手中，不敢得罪或反抗（毕竟与控制着你工资的人对抗真的是件令人生畏的事），所以管理者有时根本不知道下属对自己不满。

不过，"控制欲过强"是人际关系中相当普遍的问题，已经有很多社会学家对此进行过研究。有些人因为上司管太多而离职；有些人则因为另一半太唠叨而离婚——有研究指出，"另一半太唠叨"已经成为破坏婚姻的三大杀手之一。

接下来我会介绍与微观管理者有效沟通的秘诀，这些秘诀是我汲取各类研究之精华，统整出来的方法。某些策略乍看似乎违背直觉，但如果能让向上沟通更加顺利，对双方而言都是好事，主管本来可能没有意识到自己的控制欲，你恰好能借此帮助他们看清问题并学会放手（他们也会庆幸自己多了几个小时可以回归生活的时间）。

◆ 秘诀一：避免直接批评或指责

可能有人告诉过你，诚实是最有效的方法，即使会伤人面子，遇到这种主管也不必拐弯抹角，还是要实话实说地指出问题所在。本章开头提到的麦特也亲身实测过这种方式，他直接告诉凯伦，她太紧迫盯人，让人感到窒息。麦特还要凯伦给他安静的三个小时好好写稿，不要每三分钟就来盯一次进度。

凯伦嗤之以鼻，她要麦特管好自己就好，不用教她怎么当主管，如果麦特做得够好，她也不必这样密切监控。麦特无言以对，只能摸摸鼻子回到座位，那天接下来的时间都躲着凯伦。

凯伦和麦特的互动反映了关系专家约翰·戈特曼指出的四种负面沟通模式：批评、鄙视、防御、冷战，他称之为"末日四骑士"（Four Horsemen）。

以**批评**开头的对话往往会迅速失控，凯伦**鄙视**地响应麦特，她翻了个白眼、质疑他的逻辑并嘲笑对方。为了自我**防御**，凯伦随后开始指责麦特，把问题推到对方身上。而麦特也不想再与这种人沟通，所以转身离场、避不见面，开始了**冷战**。

◆ 秘诀二：着眼大局

可试着用含蓄一点的方式表明自己是为大局着想，为了降低对方的防御心，我会先问主管这个问题："我希望自己做的工作能与公司整体目标有更紧密的连接，请问有没有这方面的工作能交给我来处理？"

微观管理者因为过度专注于细节，常常忘了后退一步把事情看得更全面，让下属知道自己忙的意义何在。很多主管在工作中会产生一种透明度错觉*（Illusion of Transparency），误以为别人能够理解自己想要什么，所以只会要求你完成某件事，却没有说清楚要怎么做，让人完全摸不着头绪。

我也曾落入过这种错觉陷阱。心理学的研究通常过程十分艰巨，有些需要耗时数年，参与其中的研究人员不一定对研究项目有非常完整的概念。我曾经领导过一个研究项目，过程中有一项非常烦琐却必要的工作，是将行为数据进行编码。研究人员需要观看并记录研究对象与他人交谈时出现叹气、坐立不安或用笑缓解紧张情绪等行为的次数。我曾经因为学生没有翔实记录，对他们抱怨道："怎么会遗漏那半秒的叹气？你是睡着了吗？"学生们无法理解我为什么要这么严厉地斥责他们，一个月内就有十一个人相继离开研究团队。说真的，他们根本一点也不在乎那些人叹了几次气。

我没跟他们解释过为什么要详细记录这些行为，他们又怎么会在乎？我自以为他们都了解，人们任何细微的非语言行为都会以有趣且戏剧性的方式塑造互动，所以数据必须极为准确才行。

---

* 人们高估自己的个人心理状态被他人知晓的程度的一种倾向。——编者注

一旦他们知道自己所做的事情是这项研究成功与否的关键，就更有动力去记录研究对象行为上的细微变化，工作会变得更加投入。

◆ 秘诀三：为双方的期望求取平衡

一旦你确认了你的任务和团队的整体目标相匹配，就可以开始讨论期望了。"你让我做的事情中哪些是最重要的，哪些是常规要完成但不太重要的？"

我协助过许多微观管理型的老板化解与下属的冲突，发现他们都面临同样的问题：在主管心中重要事情的优先级和下属想象的有极大的出入。对你而言极不重要的"小事"，但是对上司来说可能极为重要。即使你认为做这些"小事"会让工作效率变低，上司还是忍不住想纠正，要求你先做他们心中"重要的事"。

麦特和凯伦后来逐渐打破了沟通僵局，他们开始谈论目标，彼此心中的期望变得清晰起来：凯伦希望麦特尽快发表某些她觉得比较重要的文章，麦特则想在工作上展现独立性和创造力。他们最终达成共识，如果麦特早点完成凯伦想要先发布的新闻稿，那么他就可以写自己想写的主题。试着询问主管的期望，也是为自己开一扇门，让主管有机会理解你发自内心的想法。

◆ 秘诀四：沟通时尽量避免概括性的字眼

在达成共识后，接着就要来解决关系里的冲突，这是个显而易见的棘手问题，但由于太过麻烦，人们往往视而不见且不愿提及。

应对冲突是一门很深的学问，戈特曼博士通过多年的研究，找出成功化解夫妻冲突的两大要点：第一，无论有多生气，也绝不说出"每次""总是"等概括性字眼，而是具体说明对方的哪些行为让你感到不满。第二，将批评夹杂在赞美当中，减轻伤害。

职场上也是一样，与主管沟通时，别直接说"你管得太多了"，而应该着重在具体的事件或行为上，以及这些事件或行为带给你的感受，例如主管一小时内就寄了三十封电子邮件，让你觉得无法专心工作。除了提出希望他们能改善的行为，也要针对值得肯定之处多加赞美，像是感谢主管对你的重视。

我提醒麦特，凯伦虽然烦人，但总能给出很不错的修改建议，并不是真的那么一无是处。如果能在沟通过程中提起这件事，凯伦可能会因为他一句赞美而露出笑容，缓解逐渐升温的紧张情绪。

✦ 秘诀五：定期汇报工作进度

对微观管理型的主管我们都会唯恐避之不及，然而关系总是需要花心思维系，就如同夫妻若是没有花时间经营感情，久了与另一半就会变得像"室友"般的存在。

因此，你还是有必要定期与主管会面，向主管报告目前的工作进度、是否有达成当周或当月的阶段性目标。如果没有达成目标，则要跟他们说明你遇到了哪些阻碍。在主管来烦你之前，你早一步先主动汇报，让他们知道一切都在正轨上，才不会导致"要求—退缩"（Demand-withdraw）的沟通模式：一方提出要求，而另一方越想从冲突中抽离，表现出闷不吭声的退缩态度越明显，要求者就越急切地想让另一方开口。无论是跟伴侣、子女或同事的互动都很容易演变成这样的恶性循环。

✦ 秘诀六：划清工作时间的界限

工作形态在过去几年里发生了巨大的变化，很多人不用在固定时间打卡上下班，人们随时随地都能工作。51%的人认为灵活、弹性的工作制非常重要，千禧一代甚至愿意为此搬到世界上的任何地方去。

　　不过，如果遇到了控制欲很强的主管，那么工作时间调配的自由度高，就意味着工作与生活的界限变模糊。我最近听到有位主管在下班前临时召开视频会议，一开就是三小时，一下子开到晚上，大家就这样挨着饿，但也只能乖乖配合。

　　你如果是远程办公或与主管在不同时区工作，就可以先安排好适合每个人的会议时间，我有个纽约的朋友任职于总部位于伦敦的公司，所以他们把多数会议定在纽约时间早上八点（伦敦时间下午一点），而不是纽约时间下午四点（伦敦时间晚上九点）。也因为时差，有些人无可避免地会在半夜两三点收到电子邮件，你们可以先谈好回复邮件的期限，因为你已经预先表达了期望，你们也不容易因为对方"忘记"时差而发生冲突。

　　如果你本身就是主管，我也鼓励你制定一些规范，让下属的工作与生活能保持平衡。我曾听过一个例子，有位主管在她的自动回复邮件中写道："我有时非上班时间还在工作，但我不希望你们也这样做。如果你们在周末收到我的信，等到周一再回复就好。"这就是很好的做法，清楚表明她不会在周六还要下属随时待命。

最后关头裹足不前

▼

　　有些主管 90% 的时间都非常好相处，但往往到了最后阶段就变得吹毛求疵起来，就算你已经彻底检查过商品，他们仍不让你销售；你写的新闻稿已经来来回回修改超过十五次，将错过发稿最佳时间了，还是不让你发布。

我的朋友特里丝就遇到了这样的主管帕特里克。和帕特里克一起工作大多数时候都还算愉快，不过他有点工作狂倾向。帕特里克曾说自己已经有十五年午餐都是在办公桌前快速解决的，虽然他说是开玩笑，但大家一点都不觉得那是玩笑话。他工作多年只休过两次假，没有什么个人生活，他一个人住，没有结婚，也没有宠物要照顾。但帕特里克的工作狂行径并不影响特里丝在工作上自由发挥，所以问题也不是太大。

不过，有个小问题让特里丝很苦恼，每次有什么计划准备进入实施阶段时，帕特里克总会在最后关头出现完美主义倾向，因为害怕失败而裹足不前，就如同压力一大带状疱疹就会发作一样。无论这项计划已经准备了两周，甚至两个月，帕特里克总是能在最后关头挑出各种大大小小的问题，然后是一连串的自我否定与怀疑，觉得一切都还准备得不够好。

"每次我们走到最后一步，他就会焦躁不安，处处质疑我。"特里丝感叹道，"我到底做错了什么？"

我安慰她说，这并不是因为她表现得不好，帕特里克应该也是时时刻刻用高标准鞭策自己，他很难放手。

遇到特里丝这样的情况该怎么办？

我建议特里丝邀请帕特里克和她一起详细列一份项目中各个阶段的检查清单，这种方法虽然会增加他们的工作量，听起来也不吸引人，但或许会有效果。

我说："如果帕特里克这么害怕出错，那你们不妨从一开始就照着清单一步步检查，不要拖到最后才做。"

帕特里克和特里丝尝试了这个方法，他们列出检查清单，在项目过程中不断互相确认对方的工作成果。而两人也事先约定好，如果列表上的所有项目都确认过了，就要继续进行下一步。这就好像学习跳水，会先从比较低的地方开始，每周都尝试更高一点的跳板，最后就能成功挑战最高的高度。特里丝最终成功解决了问题，虽然麻烦了一点，但至少能让帕特里克安心。

你如果遇到这样的主管，也可以试试这种方法。除了能帮助主管减轻焦虑之外，还能让你们在标准方面达成一致。曾有人说我要求太高，但我认为是他们做事太过草率，我们各说各话。这是因为每个人抱持的标准不同，而检查清单能帮助我们厘清这之间的落差。

特里丝面临着权衡取舍的问题，帕特里克工作能力很强，特里丝想跟着他学习。为了得到如此厉害的主管的栽培，纵然偶有冲突发生，但也还在接受范围。然而，如果情况演变成"习得性无助"

（Learned Helplessness）——例如，如果她开始觉得无论自己怎么努力都无法改变现状，帕特里克都不会签字，她只能放弃——那她就应该赶快离开，在这种情况下工作也不会有光明的前途。

魔鬼藏在细节里*

▼

有个朋友最近跟我抱怨说，他工作时犯了一点小错误，主管就开始紧迫盯人。他跟我说："我什么都做不了，她会插手所有工作细节。"听起来就像是微观管理者会有的行为。

这次与朋友聊天的过程中，我发现有些注重细节的主管其实并不是微观管理者，他们相信"魔鬼藏在细节里"，担心忽略了某些小细节，就可能酿成大祸。这种细节控主管对下属有很高的期待，期望在自己的带领下团队能迈向成功。他们重视细节是有其目的，而不只是出于控制欲。

举例来说，美国重金属摇滚乐队范·海伦（Van Halen）每次与演唱会主办单位签约时，都会在冗长的合约中悄悄加上一条：后台必须有一碗巧克力豆，但绝对不允许里面有咖啡色的豆子，如果主办单位没有做到这点，就得取消演出并且赔偿损失。这其

---

* 西方谚语，一些看似微小的细节问题，可能对整个事情的成败产生决定性的影响。——编者注

实只是个小测试，要办一场范·海伦演唱会的前期准备工作非常复杂，任何一个步骤出错后果都不堪设想，如果碗里出现咖啡色巧克力豆，是不是也就意味着主办单位可能还忽略了合约里其他重要的注意事项？

像医疗这样的领域更看重细节，稍有疏忽或闪失就可能导致致命的错误。有位资深高管最近跟我分享了他的成功秘诀，就是"首重安全"。他的第一份工作是在快餐店打工，有天，值班经理拖完地板后，忘了放警告标志，有人经过时不小心滑倒了。更高阶的主管出面把客人安顿好后，就当着所有人的面开除了那位值班经理。

那位资深高管说："虽然感觉有些反应过度，但只要是出了任何攸关人身安全的错误，无论多小都要迅速且严厉地处置。"小事上犯错可能酿成重大灾难，厉害的主管往往能及时揪出错误，避免憾事发生。

如果你分不清主管是控制狂还是细节控，问问那些比较资深的同事，他们应该比较清楚。在我纽约大学的实验室，有一个列有 50 点注意事项的清单，因为心理学实验用到的设备很多，如果出任何差错，我们的心血可能就白费了。实验室的新人可能认为我是微观管理者，才会列出这样一份清单，但老手并不这么觉得。学长学姐们会跟新人说："泰莎非常注重行为编码是否准确，其他事情她都不太会干涉。"

如果不想下属在背后说你是爱折磨人的主管，那就与他们好好讨论，哪些方面你需要仔细监督，哪些方面则会给他们充分授权。只要给予足够的自由发挥空间，某些部分严格一点大家通常还是能接受的。

微观管理者常被误解，许多人认为他们没有自己的生活，就想毁掉别人的生活，抑或出于不信任才会如此控制别人。但这背后还有其他诸多因素，有些人误以为优秀的管理者都会用这种方式，才能让下属的工作绩效更好；有些则是主管本身被分派到的都是一些无关紧要的工作，已经找不到事情给你做；有些则是害怕一有什么差错就会地位不保。

我们遇到这种主管通常都唯恐避之不及，但其实主动与对方报告进度、了解彼此的期望并妥善沟通、化解冲突，是处理这类问题更好的方法。

重点复习

- ► 微观管理者看似强势霸道，其实更多的是疏忽大意。

- ► 疏忽大意有多种形式。有时会忽略某个人（他们没有心力监控所有下属，所以会轮流针对不同人），有时则会忽略重要的工作，问题不在于注重细节，而在于他们太过拘泥于一些不重要的细枝末节。

- ► 大部分主管都是因为在原本的职位上表现优异才有机会晋升主管，他们本来就不清楚怎么当主管，又没有受过与管理相关的专业训练，所以不知道如何快速做出正确决策。

- ► 他们误以为密切监督可提升工作表现，还对这种错误想法深信不疑。

- ► 恐惧往往会导致微观管理，恐惧的原因通常有两大类：害怕犯错，以及担心失去权力地位。

- ► 某些职场环境特别容易出现微观管理。一种是管理层级太多，管理者就可能因为太闲而变得整天鸡蛋里挑骨头。还有一种是弹性制工作时间，工作与生活的界限因此变得模糊。

▶ 解决问题的第一步是扪心自问："我的工作值得我待下来吗？"如果不值得，就赶快另谋高就吧。

▶ 沟通时避免直接指责，你们可能陷入批评、鄙视、防御、冷战的负面沟通模式之中。不妨试着见面会谈，来讨论共同目标。

▶ 无论有多生气，也不要用概括性字眼攻击对方，而要说明让你感到不满的具体行为。

▶ 即使会让你感到痛苦，还是得定期与主管会面，频繁地向主管报告进度。健康的关系需要双方花心思经营和维系。只要慢慢练习，沟通也会更为顺畅。

第六章

搞不清楚状况老板

「平时很少与你接触，却总在最后时刻跳出来给你一堆意见。」

有一种主管反复善变、令人捉摸不定，不过他们不会一直来找你问进度，也不会抢你功劳，并没有明显折磨或欺负下属的行为，所以一直以来我都低估了这种主管会对下属造成的心理伤害。直到后来我听了凯特的故事。

凯特的上司赞德在他的专业领域经验丰富，而且钟爱定制西装和昂贵豪车，即便他不一定负担得起。打从一开始，凯特就隐约觉得不对劲。刚开始在他手下工作时，有两周时间她都摸不着头绪，不知道该干什么。别人都有被委派具体的任务和明确的时间表，但每次凯特主动询问，赞德总是含糊其词，让她自己想办法，凯特为此感到沮丧无助。这其实是职场上很常见的问题，许多人都曾抱怨主管没有提供任何工作方向或指令，让人无所适从。

"你们没有召开过工作复盘会议吗？"我问。凯特告诉我他们会进行这样的会议，但她很早就意识到这种会议只是在浪费时间，赞德只想一再展现自己的权力，但其实根本搞不清楚状况。有时赞德心烦意乱、心不在焉，听了简短汇报后，便挥手示意她离开——这种情况算很好了，凯特最怕他突然抓狂，就像是在牢房里醒来，却不知道自己为何会来到这里，陷入迷茫又充满攻击性。赞德对自己的决策说辞反复无常，很多事明明照着他的指示去做，到头来他却在会议上质疑凯特为什么要这样做，把自己说过的话忘得一干二净，还指责她说谎。凯特无端遭到诋毁已经够难受了，原先已经规划的事情还都被要求重头来过。赞德每次开会都一副惶惶不安的模样，他不喜欢有人时时刻刻逼着他做决定。

会议结束后的第二天最是难熬。赞德有时会再确认一下凯特是否执行了他的要求，有时就再也没有提起过，接下来一个月左右又是撒手不管、无声无息，然后到了下次会议，同样的状况就会重演一次，不断重复这样的循环。

面对种种不确定性，凯特产生了极大的焦虑感，她说："我能忍受被忽视不理，很多事情我可以自行处理。但我无法忍受那种不确定感，不知道他何时会出现、出现时会说什么，会不会一句话就让我前面的心血全都白费。"

"不确定"的感觉让人难以承受。举例来说，等待癌症检查结果的过程往往让人很焦虑，严重程度甚至会远超临床心理学家认为的正常范围，这样的心理状态会影响睡眠质量和饮食习惯，脑海里会不停地浮现负面念头，挥之不去。大部分人一生中或多或少都有过这种经历，而对有像赞德这样上司的人来说，他们更是时常遭受这种折磨。随之而来的创伤难以磨灭，甚至持续影响着他们日后如何对待新的人际关系。即使后来赞德被开除，凯特刚开始与新主管开会时也焦虑得不行，等她终于确定新主管的做事方式跟赞德完全不同，才放心了一点。

眼不见，心不烦

最近，很多人问我在职场上如何才能获得领导关注的种种问题，像"我在咖啡店遇到上司，但他不记得我的名字。这是一种危险信号吗？"（是的）或"上司因为太过忙碌而无视我，我要去找他理论吗？"（别这么做！）

近年来，大家开始远程办公，很多员工发现自己的工时变长、工作量变大，出现了明显的职业倦怠，管理层人员尤其严重——他们通常因为需要同时进行多项任务，手上有很多案子要处理，下属又分散在各地，所以很难兼顾一切。研究发现，尽管远程工作加快了完成任务的速度，但72%的管理者反而觉得压力比以往更大，超过半数的人正在为工作倦怠所苦。

疏忽型主管不善于管理时间，总觉得自己时间不够用，导致下属遭到冷落，下属也因此感觉自己像个局外人。有些主管是因为听从上级指示，独厚特定对象，对其他人则如同微观管理者一般，上一分钟还对你紧盯不放，下一分钟就完全无视你；有些主管的时间都被"时间小偷"（第四章提过，这种人遇事就马上找人帮助，不会自己先想办法）占据，实在没有多余的心力关照你。不过，虽然问题出在他们时间管理不善，但这些主管也不喜欢自己被排除在外的感觉，仿佛从昏迷中苏醒般，认不得办公室里一张张陌生面孔，疑惑着你为何要移动咖啡机。

这样的管理风格往往会演变成以下模式：将工作完全交付给下属后便置之不理，久而久之主管越来越不了解后续进展，担心自己被排除在外，才又跳出来刷存在感，介入下属的工作来展现自己的权力。这就好像节食时容易出现的"溜溜球效应"——过度节食导致暴饮暴食，而后感到愧疚无比，接下来三天只喝排毒果汁，然后又继续吃香喝辣，周而复始。只喝排毒果汁虽不是长久之计，但能消弭愧疚感。

好的主管会稳定地与下属保持良好的沟通，不仅给予下属自主权，同时也会适时提供指导和反馈，避免拖到最后太过仓促、草率地做决策。即使手边有再多事情要忙，好的主管也不会失联。

本章会着重分析老板、主管、小组长这类团队中的领头羊，他们的态度决定了你在职场每一天的日子是否好过。下属无法得到适当支持时，容易感到手足无措，内心不踏实。因此，我会提供一些对策，让你重新找回对工作有所掌控的安心感。虽然这些策略主要针对管理者，但其实也适用于职场上各种因对方不作为而让你无所适从的情况。

如果发现以下情形，就要特别提高警觉。

- ▶ **长时间对你放任不管，最后关头才突然变得积极起来：**准备一场重要汇报的过程中，主管没有给你任何协助，却在汇报开始前两小时才不停地要你修改。

- ▶ **在各种工作的准备阶段，你最希望主管给予指点时，往往事与愿违：**比如你需要主管来审查预算、确认方案或设计时，他们总会"人间蒸发"。

- ▶ **早在面试阶段就能看出危险信号，他们通常会轻易乱给承诺：**这些主管早早信誓旦旦地承诺会带你上手，每周和你开会、每小时至少确认一次邮箱，必要时你也能在周末打电话联络他们。

- ▶ **常在背后说你好话，让人觉得徒弟青出于蓝是他们这些师父教得好：**期待你有好表现，他们虽然几乎没帮上什么忙，但还是能沾沾光。

他们为什么对你忽视不理?

▼

有些是因为忙于对别人进行微观管理,有些则是因为自己的事情就已经忙不过来了。不管是什么原因,总归来说就是他们没办法拨出时间专门理你。

◆ 忙于微观管理

微观管理型主管通常对你一下子盯得很紧,一下子又放任不管,如此反复循环。导致这种情况的原因通常很类似,大多是时间管理不善、对工作的优先级没有订立明确的标准,以及不愿给予员工自主决策的权力。有些主管是只针对同一人,有些主管则是对不同的人有差别待遇,对某些人特别关爱,却把你打入冷宫。

在大公司里,一名主管大约需要带领十名下属,除了你还有九个人分散了主管的注意力。主管通常不可能同时照顾到所有人,如果他还很容易在许多细枝末节的小事上纠结,那你要等更久才能被他重新注意到。

虽说对你事事过问和无视冷落的主管是同一人,但应对这两种问题的方式还是不太一样。

❖ 他们要满足自己上级的要求

主管或许也想好好回应下属，但他们光是处理上级交付的任务都忙不过来了，根本没有多余的时间。

大多数主管都遇过这样难以兼顾上级和下属的难题，伦敦商学院教授朱利安·伯金肖与西蒙·考尔金研究发现，管理者平均会花 71% 的时间处理上级交付的任务，比如参加会议、写报告和接听电话。只有 29% 的时间能用来安抚下属的心，譬如说确认工作方向、提供指导和反馈，以及处理下属之间的不愉快——这些事情都会对你造成很大的影响。

然而换算下来，管理者平均八小时的工作时间里，只能拨出两个多小时来处理下属的问题，如果主管带了十个人，那一个人每天只能分配到大约十二分钟！

❖ 他们自己也没有获得实质性的协助

想象你在一家饼干工厂任职，首席执行官在一次大型会议上向全公司宣布了公司的新愿景："我们的目标是做出世界上最外脆内软、嚼劲十足的巧克力饼干，每天产出一百万块！"然后首席执行官转头看向自己的得力助手——在烘焙业积累了丰富经验的高管，他马上附和道："好主意！就从调整配方，把奶油用量加倍开始吧！"高管接着转头看向你的顶头上司，要他们这些基层干部赶快去想办法完成。

现今企业管理层主要是由这三种角色组成，从最高层至最低层分别为：提出愿景的创新者、将愿景变为现实的策划者，以及带领基层员工实现愿景的实施者。

大多数主管都是实施者，必须想办法一天生产出一百万块饼干。但问题在于，创新者和策划者只会勾勒很美好的愿景和想象，画了大饼却没有给予实施者任何实质性的协助或资源。实施者要的不是首席执行官在台上激情喊话，而是需要有人明确告诉他们能使用的烤箱数量、面团要揉多久、奶油因为工厂温度过高而太快融化时该怎么办。

假如主管遇到这样的情况，他们也毫无头绪，可能因此产生逃避心理，让下属自己去想办法，这并不完全是他们的问题。

◆ 他们不清楚实际执行细节

晋升为主管后，工作内容有所转变，自然会变得不那么了解下属的日常工作情况。我最近跟我纽约大学的学生开玩笑说，如果我明天被公交车撞了，大家都不一定会发现。但如果是他们出车祸我一定会知道，因为我的工作效率会直线下降。多年来我做心理学实验时，实际去收集受试者资料的相关研究工作都是交由他们负责的。

主管撒手不管的原因有很多，最主要的原因就如前面所述，他们时常感觉到时间不够用。《哈佛商业评论》（*Harvard Business Review*）发表的一项研究报告指出，一家公司的首席执行官每周平均工作约 62 小时，而且几乎所有的时间都花在出席会议上。至于落实执行的部分，那就交给底下的人去办吧。管理者职位越高，就越没有时间将目标转化为实际行动。

我承认我自己也有过这样的问题，前阵子我开始和纽约大学一群很优秀的工科学生合作。我对这次合作机会感到既期待又兴奋，每天都发好几封邮件给他们交代工作。我以为这些工作对他们来说只需要几分钟就能完成，但我错了，这些事情往往需要耗上好几个小时。我不了解编程的专业细节，是后来有个一脸疲惫、无精打采的学生坦白说他整晚熬夜赶工，我才发觉自己应该先问清楚。

◆ "他们会优先提拔手下爱将，其他人就没那么好运了。"

这是 2015 年盖洛普（Gallup）首席执行官兼董事长吉姆·克

利夫顿所说的一句话，点出了许多主管常陷入的误区：他们花很多心思在自己属意的得力助手身上，其他人只能自求多福。《哈佛商业评论》的一项研究指出，首席执行官会花很多时间拉拔深得他们信任的直属下属，因为首席执行官工作已经够繁忙了，没办法再挤出时间培养其他下属，所以最后出现强者越强、弱者越弱的现象。

◆ 主管的时间被别人蚕食鲸吞

我在第四章谈到过时间小偷的问题，他们会不断向他人，特别是对那些不懂拒绝的滥好人寻求建议和帮助。如果无论什么样的人找上门提出请求，你的主管都来者不拒，那么他们的时间就会一点一滴被那些人偷走。

主管通常是因为拒绝会让自己感到愧疚，所以才通通答应。不过你也可以利用这点，让他们对你产生愧疚感。别忘了，时间是一种零和资源，只要让主管感受到你真的很需要他们的指导，并主动帮他们分担工作，甚至协助处理时间小偷的请求（例如帮忙牵线），主管肯定也愿意回过头来帮助你。

四个关键时刻

▼

在职场生涯的任何阶段都有可能遇到疏忽型领导，不过在四个关键时刻特别容易看出迹象，你尽早发现才能及时处理，就像在感情关系发展初期发现苗头不对，可以尽早分手。要是选择在职位上留下来，你也可以通过我后面介绍的对策来推进该有的工作进度。

◆ 初次见面时

有研究指出，约三分之二的人会在首次约会时撒谎。而有几乎相同比例的人会为了争取到面试机会，在简历表上动手脚。主管同样也会说谎，特别是在领导能力方面自我膨胀。

我曾遇见过一位面试官基拉，她夸下海口道："泰莎，虽然你现在平凡无奇，但只要经过我的指点，必能成为众人目光的焦点！"听她这一番说辞，我还以为自己来到了某个素人改造节目。但当我询问她实际例子，她顿时面露不悦，马上把我从她办公室赶了出去。如果基拉说的是实话，那么她根本不用如此紧张。显然她有所隐瞒。

为什么他们要假装自己是好主管？有时主管也不是真的想骗你，只是他们想得太美好，以为自己能克服坏习惯。虽然很想手把手地带领你，但他们总是出于种种自己都没注意到的原因（前面有提到），而做不到当初说出口的承诺。

这种人在下属之间的名声通常很差，你不妨经常在办公室跟同事闲聊，借机听听大家对主管的看法，应该会有人趁主管不在时（他们常常不在）偷偷跟你说："跟着基拉这种主管工作就别指望有人帮你，什么都只能靠自己。"

◆ 进入最后阶段时

虽然员工大多想在工作上享有更多自主权，但他们也希望主管能在项目的最后阶段做好监督检查的工作。

疏忽型主管的时间观念很差。有些主管会在最后一刻突然变得积极，有些则是到了最后依然无所作为。假设今天要进行手术，为确认患者的安全，主治医生动刀前必须有一小段作业静止期（Time Out），所有手术准备工作暂停，由其中一人主导团队全员重复确认过所有检查项目，确认无误后，手术才能开始进行。

医生在这个时期会再次确认患者的手术部位并标注记号，但仍有约 25% 的神经外科医生，在其执刀生涯中曾在患者头部错误的一侧开刀，这通常是因为没人带领大家进行最后确认，忽略这个步骤往往会导致严重后果。

尽管我们多数人都不是外科医生，但这样的教训也适用于其他工作。主管如果在最后阶段依然没有出面指挥监督，很有可能功亏一篑。

◆ 刚升职时

职位晋升后，新手主管需要考虑的层面更广，必须有相关培训才能避免迷失方向。很多老板会直接把管理责任下放，忽略了新手主管在这个岗位的过渡期，会面临许多新的工作内容和挑战，需要专业训练来学习所需的领导技能。全球领导力培训公司肯·布兰查德公司（Ken Blanchard Companies）对四百多名管理者进行调查，发现有高达 76% 的新手主管根本没有受过管理培训，因为高管如果都是靠自己跌跌撞撞摸索出来，自然不会觉得新手需要受什么训练才能当好主管。

还有另一个令人讶异的原因：有些上司其实只是想表现出对你的尊重。我有个朋友最近升任为首席执行官身边的高级主管，但首席执行官几乎没有亲自指导过她。她感到很迷茫，不懂为何首席执行官提拔她之后又将她遗忘。后来她表达了自己的顾虑，首席执行官这才惊讶地发现，自己出于好意想让下属感受到信任，居然会让她有这样的误解。

上司可能误以为你升迁后，会想要有更多的发挥空间，认为既然你已经升上主管，那就应该放手让你去做。若是遇到这种情况，最有效的方法就是找对方谈一谈，通过直接沟通来解开彼此之间的误会。

◆ 绩效考核时

疏忽型领导往往到了进行绩效评估的时候，才意识到自己对下属所做之事知之甚少。这时候他们就会靠临时抱佛脚的方式，找你进行长达数小时的面谈，恶补他们错过的一切。

我认识的一位主管克里斯蒂，到了与更高层主管见面的前一天晚上，才会约谈下属，盘问他们过去四个月都在做什么。这一做法引起下属的反感和不悦，四个月来她都撒手不管，现在却要花三个小时向她报告。克里斯蒂为何要这么做？因为她想营造出一种自己用心带人的假象，让更高层主管误以为她对下属的大小事情都了如指掌。虽然平时毫无作为，但至少要在更高层主管面前做做样子，给他们留下好印象。

遇到这种主管该怎么办？

▼

现在我们已经知道导致主管变成如此的各种原因：有些是因

为有所误会，不知道你其实想获得更多关注；有些则是自己本身太过忙碌、自顾不暇。先厘清遇到的主管到底有什么样的难处，你就能视情况运用接下来介绍的方法，增进与主管的交流互动。

◆ 助推（Nudge）沟通法

很多关系当中的沟通难题，都是因为我们没有清楚表达自己的需求。主管已经为了许多繁杂事务忙到焦头烂额，不可能主动察觉到你的需求，而且他们相信你能升到这个职位，就代表你有足够的能力胜任。

不妨运用"助推"这种沟通方式，让主管知道你需要更多帮助。一次拿着十五件事急切地要求主管协助，很容易让对方感受到太大压力。助推沟通法很巧妙，是在充分考虑到主管还有其他事要忙的情况下，温和且适时地提出合理的需求。

运用助推沟通法时，你要具体向主管说明你需要的帮助和所需时间，可以通过简短的电子邮件（我有个老板朋友工作非常忙碌，据他所说，邮件内容不要超过五行）跟主管约三十分钟的时间开会（老板通常只能挤出三十分钟的空当）。很多人都会觉得，如果表现出急迫感，主管就有可能积极响应，但情况通常并非如此。如果跟主管约接下来两天的时间，他们几乎不可能从繁忙的日程安排中抽出时间来给你，但如果询问他们接下来两周是否有空，就更有可能约到他们。

我写这本书的时候，也成了需要被人助推的那种老板（万万没想到兼顾写书和教学工作原来这么困难！），我承担了超过自己所能负荷的工作，很多人应该能理解这种力不从心的感受。

眼看着截稿日逼近，我变得很难被任何人联系到。我一心只想着写作，其他诸如文件签署、为报告评分和研究计划考核的事情都被我搁置了。

我前后花了一年的时间写这本书，一直这样"失联"也不是个办法。我的学生第一次注意到这种状况时，感到不知所措，只是不断央求我排一点时间跟他们讨论研究方向，有学生着急地说："我随时都可以，周末晚上九点也没关系，只要三十分钟就好。"不过，这个策略显然不奏效，我不想把他们"硬塞进"一些奇怪的时间，我蜡烛两头烧，不知如何是好。学生们也因为进度停滞苦不堪言。

后来我渐渐发现，我的压力有一半来自每次都要跟大家来来回回"约时间"（日程安排总是塞得满满的人应该深有同感），为解决这个问题，我在云端硬盘上创建了一个月历，只有我在纽约大学研究室的五名学生和研究助理能共同访问、编辑，就像在职场上，老板会与秘书或助理共享日程安排那样。我特别多排出了一些时间空当，让共享这个月历的人可以先预约。

我不必再为了约时间而苦恼，也不用硬把他们挤进奇怪的时间点。无论是当周还是下个月，只要有空当，大家都能自行预约。有些比较积极的学生还会一次预约好几个时间，先把想要的时段占下来。

像我这种容易胡思乱想、杞人忧天的人，用这种方法能大大减轻压力，不用再去猜测是不是有人觉得讨论时间不够，或是我逼得太紧，还是我有对某些人特别偏心。我也不需要再去担心新人是否会不好意思跟我约时间，每个人都能获得公平的机会。

到了开会的时候，学生也都把时间把控得很好。如果要在三十分钟内讨论3个重要的项目，他们会很有效率地将每个项目的讨论时间控制在十分钟。我不介意让别人来主导会议，你的主管如果已经忙得焦头烂额，肯定也不会介意。

那要怎么说服主管采用这种方法？起初我也很犹豫，完全不想再多一个日程安排表。这时候你不妨提醒主管，这个日程安排表是针对与他们密切合作的人，大家势必得用这种方法来安排时间，不然团队会议永远不可能开得成。你的主管可能也和我一样，很高兴不必再为了敲定会议时间而费尽心思，只要看一眼日程安排表就能找到适合所有人的时间。

善用助推沟通法，有时能更轻松地达到沟通目的，主管也会因此了解到，现在抽出一点时间来指导你，往往能省下未来更多时间。

伦敦商学院教授朱利安·柏金绍和西蒙·考尔金发现，主管在一年开始的前三周，每天多花两小时与团队相处，能大幅提升整体绩效。特别是在年初，大型项目还没开始运作时，每天与团队交流两小时，会比在一年之中其他时间这么做更有效。若尽快让下属上手，他们就能在关键时刻独当一面，也能和主管截长补短、互相支持。

◆ 主动帮主管分担解忧

主管可能本来都会给予下属反馈，后来才开始变得放任不管——或许是在某些特殊情况下工作模式改变了，或许是遇到了其他状况。说来有些讽刺，虽然应该由主管给你协助和指引，但在这种情况下，最好的做法是你主动帮主管分担解忧。

这么说吧，假设你走进厨房看见一片狼藉，水槽里堆了五十个碗盘，装了昨天晚餐垃圾的袋子还破了洞，汤汁流出来洒在厨房地板上。你肯定会想装作没看到，对吧？事情太多，压力太大，人就容易逃避。主管也一样，当事情一多，工作量超负荷而感到疲惫不堪时，哪里还有心力好好带你。

迪伦曾是我认识最亲力亲为的职场导师，他会花很多时间指导直属下属，无论是在会议上要如何接近有影响力的人，还是面对负面反馈时如何自我调节负面情绪，他都会教。迪伦就像园丁一般，悉心照料着他的下属，每天浇水五次，并确保花朵都接收到能满足生长所需的日照。

直到某天，迪伦升职了。因为他很会带人，老板决定扩大他的团队，编制从 5 人变成 10 人。然而，迪伦和他的老板当时都没有意识到，迪伦的带人方式最适合四五个人的小团队，因此当团队成员一下变成 10 个人，他当然无法负担这么大的工作量。

起初，迪伦拼了命地加班，工作时间从每周 40 小时增加到 60 小时，希望能顾及所有人。但几个月后他就撑不住了。他既然无法给每个人每周 4 小时的时间，就索性都不给，甚至连 1 小时都没有。他不想厚此薄彼，却不知道如何变通。

如果你有像迪伦这样的主管，可能你就必须扛下协助他学习新的领导方式的责任。先暂时不要把他逼太紧，可以将你需要他指导或定夺的事项先列出一份清单，排出优先次序，让主管明白你提出的十件事中，有九件事并不那么急迫，这样既能减轻主管压力，让他不再逃避，也能让你不再因为得不到指导而感到无所适从。

你也可以主动帮主管分担一些工作。大家看到这样的建议可能会想："主管都没有帮我，我为什么还要帮他？这也太不公平了。"

容我解释得更清楚一些。主管时间有限，所以如果你帮忙分摊一些事情，他们就会有多余的时间来协助你。这种方法若运用得当，你还可能因此得到比预期更多的时间。坦白说，主管手头的很多事情由你来做可能更快，比如撰写周报的初稿、处理例行性事务或上网找某些主题的相关信息。因为主管做这些事情时，通常还需要同时处理其他多项任务（有研究显示，一心二用是最差的时间管理方式，我们的大脑无法同时专注于两件事），所以花的时间也许是你的两倍。看似你浪费了一小时做这些事，但其实你可能帮主管省下了三小时，在这三小时里，他只要留一小时给你也就值得了。

◆ 寻求他人协助

很多时候我们都对主管抱有太大期望，他们不但要指引下属的职业生涯发展，针对会议简报给予改善建议，还要学会新系统的所有操作，难免忙到分身乏术。当你无法从直属主管那得到适当的工作建议时，不妨向其他人寻求协助，可以是拥有专业能力与知识的前员工或其他还有余力的同事。

只要是跟我工作过一段时间的人都知道，找不到我的时候能找谁帮忙。但我注意到，新人大多不太敢这么做。为何如此？他们担心接受别人指导会冒犯到我。有人说："我怕你会觉得被背叛。"我笑着回道："其实我真的不介意！"

虽然有些人可能会介意，但基本上面对这种情况时大多数主管应该都是心存感激的。如果真的不确定，你也可以先征询主管的意见。

有些主管则是因为自己缺乏专业知识（而且往往羞于承认），所以也只能放你自生自灭。若是遇到这种情况，你更要想办法从别人身上学习这些专业知识。第二章提到可与不同岗位的同事建立联系，拓展自己的人际网络，这方法也同样适用于此，直属主管能力不够、帮不上忙时，你就能询问这些人的意见。

◆ 指出问题

在所有类型的职场混蛋中，搞不清楚状况老板通常是最不自知的，他们有些曾经是亲力亲为的好主管，遇到某些问题才变了一个人，因此不愿承认自己的问题；有些则是跟赞德一样，不但不知道自己多不称职，也没有认真观察过其他主管带下属的方式。有时我也会感觉自己冷落了下属，却没有人直接告诉我："你现在真的是很糟糕的主管，我们想念以前的你。"我是从他们脸上露出的绝望神情看出了他们的心声。

别指望主管会自己发现这样的变化，但也别直接批评对方，正如我在第五章提到的，批评往往会使双方陷入负面的沟通模式，并没有太大帮助。相反地，我们可以通过本章介绍的一些小技巧，帮助主管重回正轨。

重点复习

▶ 搞不清楚状况老板的管理容易变成恶性循环：长时间对下属忽视不理，久而久之越来越不了解每个人的工作进展，又开始担心自己被排除在外，焦虑积累到一定程度就疯狂插手下属的工作来展现权力。

▶ 造成主管疏忽管理的原因有很多，其中一个原因是他们也曾遭受这样的对待，主管如果本身就是靠自己跌跌撞撞摸索出来的，自然不会觉得你需要受什么训练。

▶ 他们光是处理上级交付的任务都忙不过来了，根本没有多余的时间指导你。

▶ 其他原因还包括忙于微观管理、只重视自己的手下爱将，或者他们自己也没有获得实质性的协助。

▶ 还有些主管不好意思拒绝来自四面八方的请求，时间都被瓜分了。

▶ 你在职业生涯的任何阶段都可能遇到这种情况，他们特别常在面试阶段对应聘者夸下海口，也容易在给下属的工作已进入重要的收尾阶段时才开始过问。

▶ 他们总是到了绩效评估的时候才找你约谈，还会在更高层的主管面前做做样子，塑造一种有用心带人的形象。

▶ 对付这种主管的第一步是运用助推沟通法，适时适量地提出要求。

▶ 你也可以主动帮主管分担一些工作，将需要他们指导的事项先列出一份清单，排出优先次序，让主管清楚这些事情的轻重缓急。

▶ 别害怕找其他厉害的同事帮忙，大部分主管都会对此感激不尽。

第七章

职场心理操纵者

『通过操纵、欺骗以及控制等手法让你质疑自我价值，失去对现实的评判能力。』

库纳尔获得在茱莉手下工作的机会时，大家既羡慕又嫉妒。茱莉聪慧敏捷、时尚有型，气场强大，令人敬畏。她在30岁就成为广告公司高层中的唯一女性，而且是公司几十年来年纪最小的高级主管。五年前，茱莉还只是个普通的中层员工。但很快她就锋芒毕露，没有依靠任何关系，完全靠自己的实力一步步爬到了现在的位置。她不是"任何人"的女儿、侄女或情人。

库纳尔的同事们也很渴望成为茱莉的爱徒，不惜代价都想换得这样的机会。但茱莉想找一个同时拥有以下特质的人：既要敏锐机智，又要有些不谙世事，并能天真地看待人性中比较黑暗的部分。

库纳尔完全符合茱莉开设的条件，他总认为职场上没有坏人，只是大家都各有苦衷。他也时时刻刻保持着正能量，不容许自己有负面情绪。

茱莉和库纳尔还有着相似的成长背景，因此更是一拍即合。他们从小家境都不富裕，父母都是工人阶级，拿最低工资勉强支付他们的学费，两人都是靠自己的努力苦尽甘来。工作以来，库纳尔第一次感觉真正有人懂他。

接着我们就继续来看看库纳尔是如何慢慢走上被茱莉操纵的道路，许多人也都是循着这样的轨迹而成为受害者的。

库纳尔打从一开始就完全被茱莉迷住了。操控者通常有着令人崇拜的权力地位，而且会将仰慕他们的人作为目标，与受害者之间存在着权力的不对等（无论是真实的抑或想象出来的）。受害者刚开始会从这种权力差异中受益，比如茱莉人前人后都大力提携库纳尔。

起初他们合作融洽。然后从某天开始，不知为何，茱莉的创意锐减，设计出来的东西都无法让大家眼睛为之一亮。我们有时就算殚精竭虑，也没什么灵感，这是很正常的事。然而对茱莉来说，这就像自己即将江郎才尽，并且她认为自己再也想不出任何好点子，仿佛就要被肿瘤逐渐夺走生命般痛苦（操纵者自己通常会有极端化思维）。

一想到将要失去这一切，她就感到恐惧不已，因此开始窃取别人各种大大小小的点子。茱莉和功劳小偷一样先与新进员工装作朋友，假装好心主动提出帮忙，再把他们电脑中所有与创意构想相关的文档偷偷存起来。

"大家出乎意料地松懈，对自己仰慕的人更是毫无防备之心。"茉莉心想。广告界最害怕的事，莫过于呕心沥血想出来的点子被偷走，而他们却犯了这么大的错误，大量数据文件都没有被加密保护，让她如此轻易就拿到手。

茉莉拿到这些广告点子后，会把内容稍作修改，然后再给库纳尔，让他继续完善出完整的方案（当然还是会由茉莉本人呈递给老板）。库纳尔感觉自己跟茉莉合作无间，创造力得到了释放，过往所学终于有了用武之地。而他不知道的是，一开始的创意构想并非茉莉原创的。

在合作过程中，茉莉常将职场比喻成江湖，人心险恶、尔虞我诈，耳提面命地要库纳尔不能向别人透露任何工作进展。她告诉库纳尔："绝对不能跟别人说你正在做什么，窃取想法在我们这个行业是常有的事，我不希望这种事情发生在我们身上。"当库纳尔看到一群人在会议室里集思广益时，他忍不住觉得那些人真傻，心想："现在每个人都把自己的压箱宝分享出来，相信不出一个月，大家就会开始互相指控对方窃取想法。"

库纳尔开始变得偏执，坚信所有工作内容都要保密，刻意与同事疏远，拒绝参与任何聚会。同事只觉得他和茉莉共事之后变得性情孤僻又怪里怪气，殊不知这其实是"煤气灯效应"

（Gaslighting）所致。

"煤气灯效应"一词源自英国剧作家帕特里克·汉密尔顿1938 年所写的戏剧《煤气灯下》（*Gaslight*），讲述女主角在丈夫缜密的心理操纵下变得怀疑现实，慢慢开始相信自己真的精神失常了。煤气灯效应指的是一种心理操纵，通过各种欺骗手段，操纵者让受害者最终怀疑自己所看到的是否属实，不再相信自己原本对世界的认知。这与一般日常生活中撒点小谎的不同之处在于，这种扭曲现实的谎言是要在精神上完全控制对方。

茉莉也许只是因为在工作中遭遇困境、陷入低潮，不想被人发现而用这种手段来保护自己。又或者她已经蓄谋已久。对我来说，区别不大。有些操纵者具有反社会人格，有些则是受当时的处境所迫，但最终他们都只是想在自己编造出来的虚假世界中扮演主角。

我在本书其他章节中，都会先谈谈职场混蛋的行为动机，因为了解他们的动机有助于找出对策。但在这个章节不太一样，知道煤气灯操纵者这么做的原因并无法帮助你摆脱困境。一旦被揭穿，他们还会找各种理由和借口，苦苦哀求你原谅——无论对方表现得多有悔意，你都绝对不要原谅他们。

煤气灯效应已经超出了本书讨论的范畴，对操纵者的详细剖析就留给临床心理学家去完成吧。幸好，即使没有心理学背景，你还是有办法察觉危险信号，继而找到出路。

ᗵ

如果发现以下情形，就要特别提高警觉。

▶ **通过做某些只有你们俩知道的事，让你感觉自己很特别：** 如果上司要你参与具有高报酬的秘密项目，或加入只有顶尖人才才会受邀的"俱乐部"时，千万要小心。

▶ **让你感到失去自我价值，好让你更仰赖他们：** "要不是有我，你早就被炒鱿鱼了"和"大家都觉得你配不上这份工作，只有我会帮你说话"都是操纵者常会说的话。

▶ **长期给予大大小小的虚假信息：** 特别喜欢将虚假的八卦消息灌输给对方，例如"马克是因为和老板的女儿交往过，才进得了这家公司，不管他说些什么，都别相信"。他们这么做是为了预热更过分的谎言。

▶ **不断质疑你的记忆、感知和理智，让你开始自我怀疑：** 你明明看到对方在做什么不道德的勾当，如存取别人的档案数据、篡改照片，或者拿着什么重要文件走出办公室，但他们一定会质疑你，让你觉得是自己看错了。

树皮蝎（Bark Scorpion）的毒液会让被叮咬者感到痛不欲生，但有一种生活在沙漠地区的老鼠——食蝗鼠（Grasshopper Mouse）是这种毒蝎的克星。由于神经系统的差异，树皮蝎的毒液对食蝗鼠而言反而是止痛剂，食蝗鼠即使被叮螫也不觉得痛，还可以继续攻击，最后把树皮蝎吃下肚。

操纵者很狡猾，一般人通常难以发现他们谎言中的破绽，而且还有一个严酷的真相，那就是光是想到要揭穿他们，可能就让你害怕得膝盖发软。想要打败他们，就得像食蝗鼠一样面对攻势不为所动，还能运用对方的战术进一步反制，本章会详细介绍各种应对方法。

不过，我们要先确定自己是否真的被操控了。

我被骗了吗？

谈到我们识破谎言的能力，有坏消息，也有好消息。先来说说坏消息吧，科学家几十年来一直在研究谎言侦测技术，但发现并没有可靠的线索可以用来分辨谎言和真相。有些人认为可以通过观察行为变化来"读出"谎言，但成年说谎者并不一定会比说实话的人看起来更紧张、焦虑。虽然一个人撒谎不免透露出某些迹象，但每个人表现出来的行为可能大不相同。由于没有绝对可靠的识别谎言的机制，所以就算经过训练也很难变得更善于识破谎言。绝大部分普通人辨识出谎言的准确率约为54%，跟瞎猜区别不大，所以在职场上端看别人与你交谈时的样子，还不足以判断他们是否在撒谎。

再来听听好消息。编织谎言通常需要建立复杂的故事架构，说谎者一不注意就会在细节上漏洞百出，或是在重述故事时出现前后矛盾。

美国斯坦福大学教授戴维·拉克尔与芝加哥大学教授安娜塔西亚·察可尤基娜发表了有关企业高层撒谎的心理学研究成果，在研究过近三万份企业首席执行官和首席财务官发表季度财报的视频会议记录后，他们发现特定的遣词用字及表达方式会显露演讲者说谎的迹象。以下举三个明显的例子。

1. 言辞中以复数第一人称"我们"取代单数第一人称"我"，借此摆脱个人的责任。

2. 说话较为笼统，习惯引用"有人说""如你所知"等模棱两可的说法，较少使用具体和精确的用词。

3. 即使财务状况明显下滑，他们仍会使用非常多的夸张的正面字眼。

保持积极态度是好事，但不该以此来隐瞒事实。就在安然公司（Enron）倒闭之前，首席执行官肯尼思·莱还告诉员工："我认为我们在核心业务上具备非常强大的竞争优势。"不久之后公司就倒闭了。每次听到有人话说得太满、太夸张,我都忍不住替他们捏把冷汗。

◆ 怀疑自己被骗时,先查明真相

感觉对方有所隐瞒或自己被欺骗时,接下来该怎么做?你可能很想直接指责对方,或在背后议论他们。这些方法在职场上都有风险。如果你误会了,而他们说的其实是真话怎么办?这肯定会让人心中产生芥蒂,破坏同事关系,使大家无法再在一起好好工作。

与其直接拆穿对方,进行难以撤回的指控,不如先私下调查事实真相,找到确凿的证据,诸如可以直接"打脸"对方说法的第三方信息和电子邮件。操纵者常会说出一些难以核实的模糊陈述,我曾遇到过有人习惯性地使用"大家都说"作为开头,后面再接着说她捏造的谎言。就像拉克尔、察可尤基娜研究中的说谎者一样,她的陈述过于笼统,让人无法辨别真伪。我实事求是地问她:"你说的'大家'是指谁?"她却不能说明。

操纵者通常也不会躁进,而是慢慢建构出谎言的世界。就像连环杀手般暗中在远处观察着受害者,他们会花时间了解你,包括你的社交生活、人际关系以及你的弱点，会先从小处着手"试试水温"。

茱莉告诉库纳尔，高层主管对她的新创意赞誉有加，她说："高层给了我很好的评价，我们正朝着正确的方向前进。"这是一切谎言的开端，而库纳尔没有调查一下是谁给了她正面的反馈，所以她变本加厉，窃取更多文件。库纳尔的天真让茱莉感到自信又自在，谎言一个接一个，都没有被识破，她就如同丛林里的豹般悄悄地接近猎物。

是否变得与他人隔绝？

谎言和社会孤立都是操纵者惯用的手法，两者就像蜜蜂和花朵，有着密不可分的关系。他们在职场上常用的社会孤立手段有以下两种，而这两种手段都利用了人类的基本需求：归属感。

第一种手段是让受害者感觉自己很特别，是天选之人。就像恐怖组织的领导人会给加入他们的人一个新的身份，让加入的人感觉自己是在完成某种神圣的使命，组织外的人较为低等，所以才无法理解。

茱莉就用了这种策略，她要求库纳尔在奇怪的时间工作，并严格禁止他跟别人谈论工作内容。她说："我们的创意可能会被剽窃，在我们的方案登上纽约时代广场广告牌之前，不许走漏风声。"

第二种手段是贬低受害者的自我价值。借由不断否定受害者的价值，令对方产生恐惧或者被羞辱的感觉。他们会告诉受害者，在工作中没人想要与他合作，没人重视他，如果抱怨，就会被开除。新进员工和社交联系较少的人特别容易受到这类心理操纵的影响。

我曾亲眼见过这种无助的心理状态。卡蒂娜刚进公司时精力充沛、充满创意，但六个月后变得冷漠且疏远。我问："最近过得怎么样？你和泰勒（泰勒是她能言善道的上司）关系融洽吗？"卡蒂娜只给了我制式回应，说他们处得很好，她学到很多东西。

我嗅到一丝不对劲，于是更深入地挖掘。泰勒无法留住人才，大部分年轻员工待不到一年就离开了。但因为没人投诉，所以问题也没有受到正视。我逐渐了解到，泰勒会一点一滴地蚕食受害者的自尊心，并孤立他们。她先在小事上羞辱对方，要卡蒂娜改掉口音，大家才会认真对待她所说的话。卡蒂娜尴尬不已，再也不敢在会议上发言。慢慢地，泰勒的话越说越重，她会说"你的文笔很糟糕，要是没有我帮你背书，根本没人想看你的作品"和"大家都觉得你很古怪又难沟通，你还是别去周五的公司聚会了吧"。泰勒还警告她，如果她去举报，别人肯定会觉得是她忘恩负义，把自己的名声搞臭。卡蒂娜也和之前那些人一样，不到一年就辞职了。

有没有被要求做不道德的事情？

▼

操纵者可能还会要你做些不道德的事情，通常是从小事开始，他们深知"滑坡效应"（Slippery-slope）：说服人们做一些轻微的不道德的行为，并逐步变本加厉，比直接要求人们做严重的不道德行为更容易。而一旦开始了，人们就会像踏上滑溜溜的斜坡般一发不可收拾。

心理学家斯坦利·米尔格拉姆及其团队于 20 世纪 60 年代早期进行了一项非常著名的科学实验。参与者将扮演"老师"的角色教导隔壁房间的"学生"，如果学生答错题目，老师就要对学生施以电击，每逢作答错误，电击的伏特数也会随之增加。"学生"其实是由实验人员假冒的，而且根本没有所谓的电击。结果实验发现，很大一部分"学生"都被施与了最高电压的待遇。为何如此？因为"老师"（也就是参与者）被研究人员要求一点一点增加电压，而不是一次加到最大。

别变成米尔格拉姆实验中的"学生"。操纵者一开始可能只是请你帮忙拿一下同事桌上的活页夹，或是帮他们清理数据，但往往会逐渐下达更多、更违背良心的命令。

我曾被操纵者要求服从权威、遵从命令，这些都是危险信号，上司没道理像个校园霸凌者一样说话。

心理操纵常发生在……

▼

很多人会问我，避开哪些社会情境才不会受人操纵，我会提醒他们注意以下时间点。

◆ 关系亲近时

主管与下属的关系有时会像师徒般亲密，很多事都能避人耳目地秘密进行。盖瑞是我认识的最机灵的操纵者，任何肮脏勾当都能做得不留痕迹。安排会议时，他甚至不事先说明会议主题，一切都等见到面才会知道。后来他的下属洁丝娜察觉事情不对，开始将他们的私人会议内容翔实记录下来。当她把这些记录发给盖瑞时，盖瑞可是吓得不轻——留下记录往往是操纵者的致命弱点。

◆ 相信他们所编造的美好未来时

迈克是一名研究助理，和上司斯嘉丽过去几个月来秘密进行着一项科学实验，斯嘉丽常跟他说"等研究成果发表之后，就会有很多工作机会找上你"，由于学术就业市场萎缩，这些话着实给迈克打了一剂强心针。

他们原本一起埋首在计算机前分析数据，后来斯嘉丽临时有事外出了一下，迈克运行了整个程序后，发现很多数据都一团糟。斯嘉丽回来后看他满脸疑惑，赶紧说道："一定是用错文档了，你去休息一小时再回来吧，我会把这些资料整理好。"等他回来时，研究数据不知为何都变得符合预期的研究假设。

操控者看准了你的弱点，当他们描绘的未来过于美好而让人难以置信时，你就要特别小心了。心理操纵通常会被认为带有虐待性质，但其实并非如此，很多时候感觉也像是荒漠中的海市蜃楼。

◆ 你无法为自己辩解时

操纵者早就预想到受害者可能某天会识破圈套，所以他们会准备许多不利于受害者的不实指控，在受害者想要发起反抗时向外界散布。

我听过很多这类的悲惨例子，不过最让我印象深刻的是露西的故事。露西被上司约翰操控了长达四年的时间，某天她和一群朋友共进晚餐，偶然得知其中一位朋友也曾在约翰手底下工作，两人聊了一下。露西这才恍然大悟。

她感到羞愤交加、身心俱疲，因而递交辞呈，准备两周后离开公司，然后跟同事揭发了约翰的种种恐怖行径（我一般不鼓励这种做法，但有时还是要给对方一点颜色）。约翰意识到现在正是展开攻击的好时机，因此召集了高层会议，讲述露西这四年来有多么不专业且粗鲁无礼——约翰早已为这天的到来做足了准备。

这已经是约翰第三次使出这招了，所以高层主管并没有太相信他说的话。

或许举的例子有些极端，但我希望大家都能意识到，操纵者往往会收集你的种种污点，以便随时都能对你恶意中伤。

如何脱离魔掌？

心理操纵犹如蜘蛛网一般难以挣脱：你已经蛛网缠身、被毒液麻痹，蜘蛛正准备将你大快朵颐。这时候真的很难逃脱，但并不是完全没机会！只是这个过程需要时间和耐心，关键在于你是否耐得住性子，并且愿意走出舒适圈。

◆ 重新掌握自己对事情的记忆

库纳尔内心深处知道事情并不单纯，茱莉产出新内容的速度超乎寻常，而且还生怕他在使用公司打印机时遗落数据，那过分恐慌的模样实在太奇怪。某天深夜，他确实看到茱莉登录了一位同事的账号，隔天茱莉却说这是他自己凭空想象，库纳尔也不禁怀疑是不是自己看错了。

为了持续控制你，操纵者会刻意扭曲事实，尽其所能地让你相信他们所捏造出来的事实。

有时在某个稍纵即逝的瞬间，你可能会察觉到一丝不对劲，别等到事情结束后再来质疑自己的理智。人的记忆本来就不可靠，倘若再加上有人从中操弄，你到了隔天根本无法确定实际发生了什么。

只要感觉不对，就赶快写下来、录音或拍照存证，尽可能地保存好这些东西。等你准备好敞开心扉向他人求助或向操纵者摊牌时，这些都会是非常宝贵的证据，能增强自信心，让你更自在地面对问题。

◆ 稳妥地建立起自己的支持网络

应付操纵者最有效的对策是"寻求外界的帮助"，这也是他们一直以来想尽办法不让你做的事。你现在可能觉得自己很久没好好社交了，一想到要与人接触，你就心跳加速、手心冒汗。

除了这些紧张情绪之外，创伤还会造成我们无法好好地判断外界信息是否具有威胁性。战争幸存者、车祸受害者和家庭暴力的受害者都有个共同点，他们在解读他人情绪时容易产生"威胁偏见"（Threat Bias），把没有威胁的事情当作威胁，比如别人可能只是面无表情，他们却觉得对方在生气。创伤经历也让人难以快速辨识出热情友好的脸部表情，可能职场上很多人都愿意帮助你，但你长期一直感受到威胁、恐惧和害怕，这样的高压状态会导致你环顾四周时，看到的尽是轻蔑和藐视。

要先觉察到自己的偏见，才有办法克服它们。很可能同事都不知道你正在被他人操纵。别忘了，心理操纵是神不知鬼不觉进行的，你不说，操纵者更不可能说，当然就不会有人知道。

为了克服偏见，你一定要想办法建立自己的人际关系，可以从身边亲近的人，比如说以前比较要好的同事开始。假想你刚进入一个新学校，决心要在年底赢得舞会女王的头衔，你要怎么变得受欢迎呢？平时跟你较亲近、有互动的人，往往比较愿意相信你，就从这些人开始慢慢建立起人际支持网络吧。

有些受害者清醒之后，会想直接寻求最有权势的人帮忙，向他们诉说经历，希望能让情况有所转变，但这样的方法往往无法奏效。因为在你遭受被操控的折磨时，操纵者同时也在用尽心机经营权势与地盘，跟关键人物搞好关系。因此，不要以为有权势者一定会站在你这边，用心经营自己的人际关系才能让人真正信服。

◆ 寻找社会参照对象（Social Referents）

普林斯顿大学心理学教授贝琪·帕鲁克一直从事着校园霸凌现象的研究。她发现，预防霸凌事件最有效的策略是找那些校园里的人际关系高手，也被称为社会参照对象，直接向他们倡导反霸凌观念。成为社会参照对象的原因有很多，可能是备受欢迎、讨人喜欢或地位优越，而他们的一大关键特征就是在同侪中很有影响力。

社会参照对象的五个特征

▶ 人脉广，无论是负责安装计算机系统的技术团队人员，还是长期在组织中担任管理者的大人物，他们都认识。

▶ 清楚公司制度规范，知道哪些行为被允许，哪些不被允许。

▶ 善于观察周遭动静，会注意到现任主管和前任主管闹得不愉快，五年后这两人和好了，他们也看得一清二楚。

▶ 别人都知道他们遇到事情会有什么反应。有人说话时被打断（他会跳出来讲公道话）或办公室门锁故障（他认识专业锁匠）时，大家都知道社会参照对象会做些什么。

▶ 他们是联结各种不同人的桥梁，一会和业务主管吃饭，一会跟员工餐厅经理聚餐。

想找回支持网络，不妨先试着找一个社会参照对象，他不仅和你站在同一阵线，还能将当权者聚集起来，一起讨论你的问题。

还记得我前面提到的朋友迈克吗？他被上司斯嘉丽说服一起进行"秘密实验"后，找了个参照对象杰克，两人分属不同研究团队，研究领域也不一样。杰克十分理性与冷静，最重要的是，大家会相信他说的话。虽然无权直接开除斯嘉丽，但杰克敲响了一记警钟，让更上层的人正视这件事，后来迈克调到了别的研究团队，保护他以避免遭到报复。

◆ 以征询意见为由，接近能帮助你的人

我在纽约大学的领导力培训课程中学到，把问题直截了当地说出来，容易因此触怒对方，这时候不妨绕个弯，用不同的方式间接切入。

走进某人的办公室，开门见山劈头就说"我想谈谈过去三个月我是如何遭受鲍勃的折磨的"，可能没办法马上让你达成目的。可以试试先拿比较小的问题与对方讨论，例如过去三个月操纵者都没有给你意见反馈。

库纳尔第一次注意到茱莉有问题时，联系了一些以前有过往来的人，跟他们说："我知道我们好一段时间没讲过话了，但有

些事我希望能听听你的意见。"然后他谈到自己在职场上过度疏离的人际互动模式（只与茱莉一对一交流，跟其他同事缺乏互动），询问资深主管如何看待他与茱莉的关系。虽然有人不相信他所说的话（"我们对你不熟悉，所以比较相信茱莉。"），但也有人给予正向的回应和支持（"这真的不对劲，我可以把这件事上报给公司高层吗？"）。

对库纳尔来说，这是比较安全的应对策略。他有机会找到社会参照对象，让公司高层重视这个问题，而且就算茱莉得知他到处找人征询意见，也根本无从反击。

◆ 别急着摊牌

本书大部分的章节都着重讨论如何以健康且有效的方式正面交锋，但这并不适用于摆脱心理操纵。当面指责操纵者说谎通常无济于事，反而会让情况变得更恶劣，他们可能会马上改变说谎策略，或出其不意地反将你一军。别忘了，你长期活在操纵者所捏造的世界里，并不清楚他们在外界世界动了什么手脚，比如说他们可能收集了许多被害人参与其中的证据，意图让被害人成为共犯。

库纳尔这几个月来也在编辑偷来的数据，虽然是在不知情的情况下，但茱莉认为他同样有罪。风声传出后，她随即找上库纳尔，威胁道："你脱不了身的！你也用过那些偷来的东西！"她就像把猎物逼到角落的猫咪，还要玩弄一下再吃掉。

尽管没有确凿证据，茉莉仍强烈怀疑自己是遭库纳尔出卖的。库纳尔越不遵守游戏规则，她就变得越具有侵略性。库纳尔最终了解到，在脱身计划还没到位之前，最好还是保持安静，默默把她的谎言记录下来。沉默是库纳尔最有力量的武器，也能尽量避免让茉莉发现自己背后正在进行的计划。茉莉谎说得越多，库纳尔手上累积的证据就越多，而关键在于他的心态已经从盲目接受转变为不断质疑。我很少推荐回避冲突的策略，但这种情况真的急不得，慢慢脱离关系才有可能全身而退。

操纵者想博取你的同情，该如何应对？

职场上的操纵者若没有受到惩罚，将严重打击士气。心理操纵是一种心理伤害的过程，团队成员就像父母离异的孩子，通常会被迫选边站。真相揭露后，公司高层不得不采取行动及时止损，遏制这些丑闻对公司声誉的损害，茉莉怕被惩处，所以到处跟别人说库纳尔才是主谋。

遇到这种情况，小心别被操纵者利用来散布谣言。若不确定要站在哪一边，那就保持安静，让流言蜚语就此打住。

记住，社会排斥有多种形式，不给予同情就是其中一种。库纳尔的社会参照对象让所有人达成共识，一致认同不能纵容茉莉这种恶意抹黑的行为，当她接近时，大家都会尽量减少不必要接触，并且不和她一起污蔑库纳尔。尴尬又生硬的谈话让茉莉碰了软钉子，她很快就知道自己这招不管用了。

尽可能削弱操纵者手中握有的权力，还要避免他们成为公司规则制定者和系统管理人员，不让他们有机会对其他人伸出魔掌。

同事看起来深陷其中而不自知，我该怎么做？

▼

每次只要我谈到职场心理操纵的问题，最多的反应是"糟糕，我同事应该是被人操纵了"。其实，清楚认知到这件事并不容易，一旦察觉职场上有人受到操控，这时候该怎么做才好？

正如先前所说，受害者通常不敢公开说明自己的遭遇，所以我们能从他们身上获得的信息有限。还记得卡蒂娜吗？她的上司泰勒经常出言羞辱，让她逐渐变得不敢表达自己的意见。卡蒂娜最后选择离职，而不愿出面指控泰勒的种种行径。

若发现同事变得不怎么参与合作的项目，对工作上和私底下人际关系的维系都缺乏兴趣，只跟主管密切接触，那事情可能就没那么单纯，这时候不妨试试这么做（与前面提供给受害者的建议有些类似）：

- 成为对方的社会参照对象，或帮他们跟社会参照对象搭上线；
- 帮助受害者无论是在身体还是在心理上都与操纵者保持适度距离，例如换工位或邀请他们与其他同事一起共进午餐；
- 如果受害者无法放心地对你吐露实情，那你可以居中牵线，让他们认识能信得过、口风够紧，并且有官方身份的人，受害者长期与人群隔绝，很难信任他人，经常担心自己说坏话会遭到报复，所以依循官方正式的途径处理能减轻他们的担忧。

就算你很想说出去，也要想尽办法忍住，消息若传回操纵者耳里，他们的自我防卫心会变得更重，可能将受害者置于更不利的处境。

面对无关紧要的谎言

当然，并非所有说谎的情形都是心理操纵，与人相处的过程中难免遇到对方不诚实或有控制倾向的情况。也许你的主管并没有严重到会捏造虚假的情境，但他确实会耍一些小手段，譬如撒点小谎来抹黑他们嫉妒的人。很多职场恶霸或媚上欺下者都经常如此。

我们需要对付这些人吗？我会先问问自己，那些谎言的本质是什么？如果只涉及别人的私事（例如"你听说鲍勃想约珍出去，结果珍嘲笑了他吗？"），就不要回应，让这些流言蜚语就此打住，当事人肯定无比感激。

这些人不一定想损害他人声誉。我曾认识一个人，总是喜欢跟别人胡扯瞎扯，拼命想挤出话题来，为的只是交朋友，谎言的内容多半无关紧要，她只是想开个玩笑来炒热气氛。但要是谎言涉及工作，那你就有必要用我前面提到的方法了解真相。

胆子够大的人可以自己挺身而出，但我认为更有效的策略（而且能对说谎者造成更大的伤害）是寻求社会参照对象的帮助，或集结同样受影响的同事，发挥群体的力量，遏制那些人继续说谎。

说谎行为若没有及早制止，很容易习惯成自然。对那些爱乱说八卦谣言的人，我也有个办法，大家只要有聚会等活动都暂时不要邀请他们，直到他们有所改变为止，借此让他们明白那样的行为并不适当。

心理操纵非常复杂，对我们的心理极具破坏性。纵使我们不愿承认，但操纵者确实有些能耐——可能是有着很强的人格魅力或高超的说服技巧，这使得击败他们难上加难。而受害者面临的最大障碍有时其实是自己，自己真的很难承认几个月，甚至几年来一直在操纵者捏造的虚假情境中扮演着配角。所以这时候职场上能有一些支持你的盟友就非常重要，包括身边要好的同事、社会参照对象和其他主管，他们能形成一层保护膜，阻绝操纵者的接触。一旦感觉到有人重视你、关心你，你就能重拾信心并挣脱他人操纵，拿回主导权。

重点复习

▶ 职场充斥着谎言，可能是撒个无伤大雅的小谎来让社交活动顺利进行，或以谎言掩盖错误来自我保护。

▶ 没有绝对可靠的识别谎言的方法，端看一个人与你交谈时的行为举止，很难判断出他们是否在撒谎，你需要更深入的观察。

▶ 复杂的谎言容易在很多细节上漏洞百出。如果有人刻意回避个人责任（常用"我们""他们"而不用"我"）、习惯用模棱两可的说法，并且显得过于正向积极，那通常是隐瞒了什么。

▶ 心理操纵和一般说谎的不同之处在于，操纵者会试图孤立受害者。他们常用的孤立手段有以下两种：一是让受害者感觉自己很特别；二是贬低受害者的自我价值。

▶ 心理操纵大多是避人耳目秘密进行的，操纵者会小心翼翼地不留下书面记录。

▶ 心理操纵不一定都感觉像虐待，有时候操纵者会描绘出好得令人难以置信的未来，让受害者深陷其中。

▶ 操纵者在控制你的同时，也在用尽心机经营与有权势之人的关系，以期在未来遭到指控时能够自保。

▶ 摆脱操控需要他人的帮助。从平时跟你较有亲近互动的人开始，慢慢建立起自己的人际支持网络，并试着找一个社会参照对象（有影响力且交友广泛的人）。

▶ 如果不敢敞开心扉与人谈论自己的经历，不妨先从比较小的事情开始，听听别人的意见。

▶ 真相揭露后，操纵者可能会跟大家散布谣言来推卸责任。不能纵容他们这种恶意抹黑的行为。

结 语 ▼

20 21年2月18日"毅力号"（*Rover*）火星探测器成功登陆火星，开始了在这个红色星球上寻找远古微生物生命的任务。美国国家航空航天局（NASA）喷气推进实验室的飞航工程师罗伯·唐纳利负责让"毅力号"顺利在火星地表着陆。

罗伯告诉我："我花了三年半的时间就为了着陆的这关键十秒。"他是着陆器视觉系统（Lander Visions System）的现场可编程逻辑门阵列（FPGA）验证负责人，必须确保"毅力号"着陆时准确定位，以免出现任何闪失。我们在地球上可以用全球定位系统（GPS）来判断位置，但在火星上没有GPS，只能通过计算机视觉进行辨识。在探测器进入试制阶段之前，罗伯的团队在模拟阶段花了很多时间反复试验，演算、模拟各种登陆状况。因为火星表面崎岖不平，稍有闪失，"毅力号"就可能落在巨大石块上撞得粉碎。

我看着直播画面中的"毅力号"成功登陆火星，以及一张张参与建造的工程师和科学家的面孔，深受震撼。在过去这二十多年社会心理学的研究生涯中，我从未如此深受旁人情绪感染。从那种焦虑和不确定，到后来如浓雾散去般的欢欣鼓舞，还有他们为同一目标奋斗的情谊都令我深受感动。

宣布成功着陆后，在场的人都感动得落泪。这十秒可以说是罗伯职业生涯中最令人振奋的时刻，罗伯无比兴奋，这种感觉似乎达到了极致。后来他告诉我："虽然我的身体在地球上，但心思全都在火星上。我什么都做不了，花了整整一周的时间才冷静下来。"

他参与了我们这一代极为重要的一项科学突破，实在难掩心中的激动。

罗伯为了那关键的十秒，三年来每天和同一群人合作，有挫折、冲突，还有各种阻碍团队合作的绊脚石。虽然集结了全球顶尖的科学家和工程师，但他们毕竟都是人，不免出现争功夺利和搭便车的问题。

职场上常发生冲突，身心也会承受很大的压力和焦虑，从而影响后续的工作合作。但对"毅力号"团队来说，这种冲突和压力绝不能持续弥漫，他们不能失去任何成员。由于工作涉及很多专业领域，时间又很紧迫，如果同事之间出了什么问题，他们必须马上解决。

试想如果罗伯刚开始两年媚上欺下，对其他同辈工程师蛮横无理，他的上司会因此在最后距离发射只剩十八个月的时候把他换掉吗？应该不会。光是探测器的建造就耗资超过二十亿美元，他的上司不可能因为他态度不好，就换掉这个负责登陆任务的重要角色（也不必换掉他，罗伯人很好，这只是个假设）。

有人可能会想，这种意义重大又风险极高的项目，美国国家航空航天局理应使出撒手锏，高薪聘请一些厉害的社会心理学家来化解团队冲突，但其实他们并不需要，罗伯及其团队用了我在本书中提到的策略来预防和处理冲突，不用耗费大量宝贵的时间和金钱，也能得到很好的效果。

罗伯说："团队中有很多工作层级和组织结构，没有人知道探测器（"毅力号"）的所有细节。"他们和许多富有创造力、节奏紧凑的团队一样，大家有什么想法会提出来互相讨论，而这种层级多的团队还容易面临功劳归属的难题。

"功劳分配方面确实做得并不好。"罗伯回忆道，"某些情况下，我觉得个人贡献应该更受重视。"

罗伯注意到，开会时他们太常把成果归功于整个团队，抹杀了个人的努力。有时他只会说"问题在于 X，解决方案为 Y"，完全没有提到是谁想出了解决办法。

罗伯的团队很快就想办法解决了这个问题，他们开始肯定成员个人的贡献，并向上司说明每位成员负责的工作。不管场面多混乱、时间多么紧张，他们还是会追踪个人的工作成果。如此一来，就没有人可以不劳而获，也没有人能独揽功劳，每个人都能感到被认可、有参与感且受到赏识。

"团队中会有一两个人作为发言人。"罗伯解释道，"后来他们汇报工作进度（当周进展）时，会一并讲出贡献者的名字。他们不会说：'我们发现了问题、寻找可能的对策，并且加以验证得出最佳解决方案。'而会说：'A 发现了问题，B 寻找可能的对策，C 加以验证得出最佳解决方案。'然后发言人会简短讲述具体的情况，来强调个人是如何克服挑战并作出贡献的。"

罗伯的团队意识到，仅仅是改成直接说出名字，就足以让人觉得自己得到了应得的荣誉。尽快开始这样一个小举动，并经常这么做，就能防止问题恶化，而且做起来既毫不费力又不用花钱，任何人都能采用这个方法。

罗伯需要在工作中承受极大的压力与风险，一旦出错，大家很容易互相指责。

他说："项目进行到某个时刻，我们会陷入计划没办法如期完成的窘境。我们在同一条道路上前进，完成一项项任务，但到了道路尽头才发现，我们还有一大堆未完成的工作。"

很多团队都会经历这样的阶段，这时候有人会顺势掌握主导权，也有人会趁机浑水摸鱼，但罗伯的团队及早地发现了这些问题的苗头，并且用心处理，所以快速而有效地解决了问题。他们会先排定优先级，然后妥善分配工作让团队各司其职。工作完成后，他们又能变回像朋友般相处："我们每个月都有定期聚会，还会一起庆祝节日，遇到工作上的难题，我们也会一起努力解决，而不是互相争斗。"

有些人会觉得，"毅力号"团队的科学家和工程师这三年半一定是全心投入工作，没有时间和同事建立好交情。但其实并非如此。

他们知道工作伙伴若是关系不好，团队也很难顺利合作下去，不过幸好这不像火箭科学这么复杂难解，只要预先察觉到蛛丝马迹、了解某些行为产生的原因，并学习如何打开沟通渠道，就能轻松化解种种问题。

这样你就有时间钻研火箭科学这类真正高深的学问了。

致 谢 ▼

感谢杰伊·范巴维尔在我还深陷自我怀疑时，就相信我能够写出一本书，也很感谢海蒂·格兰特鼓励我用幽默的方式来写这个让人感到压力与恐惧的话题。若没有他们两个的鼓励，我永远也没有信心写出这本书。

我儿子马蒂也帮了大忙，他总会跟我分享二年级校园生活的趣事，让我在闭关写作期间不那么烦闷，真是感激不尽。他的那些故事让我了解到，校园其实跟职场一样，也有窃取乐高积木创意的"点子小偷"以及每次讲故事时间都抢着念故事给全班听的"恶霸同学"。

许多人启发了我写书中的故事。感谢我母亲，常常跟我讲些她自己好气又好笑的职场困境故事；感谢我哥哥让我确信他这种"计算机宅男"在职场上能有相当好的人际关系；也很感谢珍妮特·安针对职场混蛋问题，提供了十分宝贵的故事与建议。

感谢罗伯·唐纳利亲切地分享他在"毅力号"的工作经验，还要谢谢哈利勒·史密斯就如何改进自我检测问卷部分提出建议。

感谢我过去和现在的学生，还有一起合作过的研究者。没有他们，我在本书中所谈论的实验研究都不可能实现。感谢凯特·索尔森与奥娜·杜米特鲁，他们对如何研究人与人之间动态变量的见解（同时测量行为和记录生理信号），使我们的研究想法能够实行。感谢沙兹利·斯特恩发挥创意，想出用椅子衡量人际距离的方法，还要谢谢乔·马吉、林迪·格莱特和莎拉·戈登找到在复杂的社会环境中控制人与人之间相似性的办法。感谢加文·基尔达夫和余思宇盛情邀请我参与他们关于身份地位的研究。

感谢温迪·门德斯，她教会我如何让实验更接近真实生活的情境。感谢我的老师戴夫·肯尼与杰克·多维迪奥给我的指导，我也希望能以他们的方式指导学生。

感谢经纪人纳特·杰克斯在本书写作过程中给了我十分详细、经过深思熟虑的反馈，而且总能让我对自己的想法充满信心。感谢编辑利娅·特劳夫博斯特和尼娜·罗德里格斯－马蒂，她们对本书的各个细枝末节都极为认真。没有以上三位的帮忙，本书恐怕永远不会问世。

我遇到的是什么样的职场混蛋？

你遇到的职场混蛋是同事还是主管？

▼

同 事

他们会在暗中搞鬼，还是明目张胆地乱来？

暗中搞鬼	明目张胆地乱来
私下相处的时候，他们会主动提出协助你执行你最新的想法吗？	他们会在会议中试图说服所有人，并意图主导决策吗？

是	否	是	否
他们是否会背着你，用你的创意和点子在老板面前为自己邀功？	他们是否会在私下谩骂或蔑视你的能力，但自己仍然很受老板喜欢？	他们是否刚愎自用？例如非要雇佣自己的朋友或找到最好的报价？	他们是否利用自己强大的团队，不付出努力依然能获得回报？
是	是	是	是
功劳小偷	媚上欺下讨厌鬼	职场恶霸	搭便车惯犯

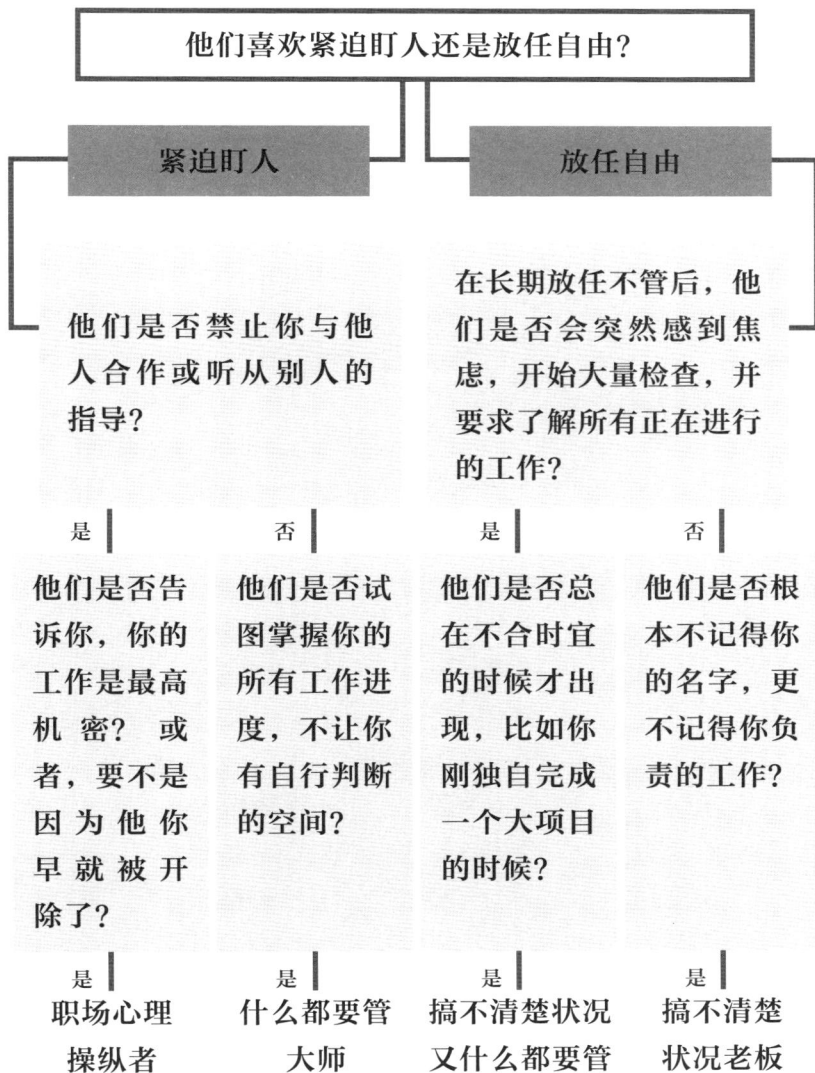

主 管

他们喜欢紧迫盯人还是放任自由？

紧迫盯人 | **放任自由**

他们是否禁止你与他人合作或听从别人的指导？

在长期放任不管后，他们是否会突然感到焦虑，开始大量检查，并要求了解所有正在进行的工作？

是　　　否　　　是　　　否

他们是否告诉你，你的工作是最高机密？或者，要不是因为他你早就被开除了？

他们是否试图掌握你的所有工作进度，不让你有自行判断的空间？

他们是否总在不合时宜的时候才出现，比如你刚独自完成一个大项目的时候？

他们是否根本不记得你的名字，更不记得你负责的工作？

是　　　是　　　是　　　是

职场心理操纵者

什么都要管大师

搞不清楚状况又什么都要管

搞不清楚状况老板

测验（一）

▼

我算是职场混蛋吗？

欢迎进行"我是职场混蛋吗？"小测验！接下来会有各种不同的职场情境，你可以通过评估遇到这些棘手问题时的应对方式，来了解自己是阴险狡诈的骗子、典型的混蛋、敷衍了事的人，还是理想的同事。建议大家阅读本书之前测试一次，读完之后再测一次，你可能会看到一些有趣的变化。

本测验的最后有两个部分。第一部分包含了计分表，以及对测验结果的说明。第二部分则会进一步解释我设计每个答案的逻辑。这个测验的目的并不是要把你归为哪一类人，而是希望能让你对处理职场上人与人之间的问题有一些新的看法。事实上，大多数人的答案可能这四类都有。

这不仅是自我评估测验，你也可以把这个测验当成一种工具，用来跟同事、下属和主管讨论彼此对这些假设情境的看法，了解其他人看待这些问题的角度。

你也能通过大家的回答更加了解公司的文化。如果同事的答案都比较偏向"阴险狡诈的骗子"这个类别，那就代表这家公司的职场竞争比较激烈。

下次公司聚会让大家一起测验看看吧，应该能引发一段有趣的谈话！

问题 1：

你最近开始了一份卖衬衫的工作，老板之所以录用你是因为你是整理衣物方面的达人，柜台上每件衬衫都能被你叠得很完美。某天，你注意到新同事杰克没有把衬衫叠整齐，显然他没有遵循该有的叠法，而老板也站在一旁监督。这时候你会怎么做？

(a) 以老板能听到的音量大声纠正杰克，让老板知道你的专业性。

(b) 等只剩你和杰克两人独处时再私下纠正，不让对方没面子。

(c) 袖手旁观，不关你的事。

(d) 不提醒杰克，之后再偷偷找老板诉说你的担忧，说他连衣服都叠不好，还能做好什么事。

问题 2：

公司在这周陆续发放了年终奖。你从事销售方面的工作，所以奖金直接反映了你当年的业绩。为庆祝奖金发放，公司会举行大型聚会，你参与聚会时会有什么行动？

(a) 在聚会上到处打听大家拿到多少奖金。你来这里的目的只有一个，就是弄清楚谁是赢家、谁是输家。

(b) 聚会上，你只关心丽娜的奖金多寡，因为你正在与她竞争营销副总裁的职位，必须知道彼此的差距，所以你直接问她今年拿到了多少年终奖。

(c) 这是个人隐私，不跟同事讨论。

(d) 和领导"打直球"，直接询问主管别人的奖金是比自己多还是少。如果主管避而不答，就多问几次。

问题 3：

你是一名建筑师，最近刚到一个新团队，有个刁钻难搞的千万富翁找你们帮他设计豪宅。今天要开第一次面对面的会议，而老板这周临时出差，但他要你们照常举行会议。这时候你会有什么行动？

(a) 滔滔不绝讲述自己过去的丰富经历，提议由你来带领团队。你对要如何设计已经有诸多想法，唯有让你主导，才有实现的可能。

(b) 提议大家先自我介绍，说说自己的工作经验。你可以从中了解谁会是你的劲敌。

(c) 从头到尾什么都不说，让其他人来计划就好。

(d) 与他人合作，一起专注于当天会议的目标。你不希望会议效率低下，且时间拖得冗长。

问题 4：
你晋升有望，但凯文也是公司考虑的晋升人选。凯文很尊重你，你们往日相处融洽，但最近较劲意味浓厚。你知道凯文受上司喜欢，这让你很紧张。这时候你会怎么做？

(a) 让上司知道凯文的缺点。你认为上司只有了解全貌，才能做出最明智的选择。

(b) 努力接近另一位可以决定晋升名额的高管，他人脉很广，且善于影响他人的决定。你会跟他说凯文的坏话。

(c) 把时间和精力放在展现自己的能力上，尤其是凯文不在场时。

(d) 尽自己的本分，升不升迁就让上司决定，不需要搞小动作。

问题 5：

你所在的团队正在进行一项需要发挥创意的项目，每次团队会议大家都必须不断抛出点子，最后再选出五个向上级提案。有一次，莎拉的见解跟你五分钟前提出的内容非常相似，后来你的想法没有被采用，但"莎拉的点子"却被选中。这时候你会怎么做？

(a) 斥责大家，要他们分清楚你和莎拉，你们长得又不像。

(b) 什么也不说，自己生闷气。

(c) 好好跟团队成员讨论你感受到的委屈，同时也提供一些解决方案，例如大家可以怎么样记录各自的贡献。

(d) 问莎拉为什么大家称赞她的想法时没有马上纠正大家，即使她不愿说出真相，她也应该这么做才对。

问题 6：

你参加大伙为你举办的升迁庆祝派对。过去六个月来，你和你负责指导的直属下属莉莉合作无间，促成了一笔大交易。莉莉声称你偷了她的构想，而且独揽功劳，今天才有这样的升迁机会。莉莉在酒吧里气呼呼的，你会怎么做？

(a) 不理她，开心享受派对。为什么她那么扫兴？她最好不要星期一还跟我摆臭脸。

(b) 向大家发表演说，感谢莉莉所做的一切，甚至连她没有做的事也一并感谢。如果她还继续抱怨，就会显得忘恩负义。

(c) 硬着头皮与莉莉谈谈，厘清谁做了什么。尽可能消除怨愤，而不是让事情变得更糟。

(d) 找到办公室里各个受欢迎的人物，让他们知道莉莉满口谎言，竟敢破坏你的名声。

问题 7：

上司曾向你保证，办公室搬迁后，你会单独有一个漂亮的大房间，自然采光充足且有拱形挑高设计。然而搬迁那天，你发现自己的办公室空间狭小、环境不舒适，原本答应要给你的那间，却给了新人凯文。主管要你自己去跟凯文协调，你会怎么做？

(a) 告诉凯文是公司搞错你们的办公室，然后要他跟你交换钥匙。

(b) 巧妙地让上司知道，如果他不解决这个问题，你会对工作失去热忱，恐怕无法顺利推进项目计划。

(c) 跟首席执行官约翰抱怨这件事，你们的孩子在学校是同一个垒球队的朋友，所以有点交情。约翰肯定有办法解决这个问题。

(d) 试探凯文，看他愿不愿意做个交易。如果他把办公室让给你，你就帮助他拓展人际关系，让他在职场上更加顺利。

问题 8：

老板要你加入一个工作小组，负责规划让大家更轻松地适应重回线下办公的过渡期。你们首先要收集数据来了解大家的意见，但只有你具备数据收集和处理所需的专业技能。老板一脸无助地看向你，这时候你会怎么做？

(a) 帮忙制作一份工作情况调查问卷，并与所有人分享数据，但密码和数据处理的方法只有你知道。你的问卷就由你主导。

(b) 教其他人如何收集和处理数据，不希望这些事情只有你会。

(c) 不理老板的要求，谁叫他录取的人都这么没用。

(d) 愿意制作问卷，但前提是要由你来主持会议并掌控一切流程。既然要你接下这麻烦差事，总得给你一些权力作为回报。

问题 9：

你最近在工作中感到非常疲惫，你的团队里有很多什么都不干的搭便车者。就在你准备辞职的时候，上司跟你

说了一个好消息——公司要将你调到另一个岗位，而你即将加入的这个团队成员感情融洽，也都很认真负责。你会如何展开自己的第一步？

(a) "躺平"，让其他人做难做的工作。你也该好好地休息一下了。

(b) 你知道偷懒会造成别人多大的困扰，所以你不会这么做。而且你会建议主管在月底根据工作表现排序，然后将名单寄给团队所有人，排名垫底的人就拿不到奖金，除非他们下个月有所改善。

(c) 询问新团队的成员，大家能否一起制订一个工作清单，分配任务、列出工作列表，月底再来确认每个人完成的进度。

(d) 只做需要专业技能的困难工作，偷偷把好上手的事情统统交给新实习生去做。大家都不知道你把工作丢给她，反正她只来实习两个月。

问题 10：

五个多月前，你聘请艾琳来协助经营杯子蛋糕店。每次你到店里，艾琳都会在柜台招呼客人，并将每个杯子蛋糕涂上刚刚好的糖霜。有些面包师却私底下跟你抱怨，只有你在的时候，艾琳才会这样做。你前脚一走，艾琳马上就跑到后场休息，一边刷手机一边舔着勺子上的糖

霜。你会怎么做？

(a) 制止面包师继续抱怨下去，告诉他不要再在背后说别的同事闲话。

(b) 立即解雇艾琳。你是请她来工作的，不是来吃东西的。然后张贴标语，上面写着"如果在工作时偷吃，那这就会是你在本店吃的最后一个杯子蛋糕"，明确表示不会容忍这种行为。

(c) 让工作团队（包括艾琳）列出各自一天的任务列表。每天下班前回答以下问题："有没有帮助处理别人的工作？"和"有没有观察到其他人在做不是他们分内工作的事？"持续一周，看看大家是不是因为艾琳偷懒而必须扛下更多工作。

(d) 为了防止有人不劳而获，你制订销售配额，每个人（包括艾琳）每天都必须制作和销售五十个杯子蛋糕，你会在一个月后回来确认达成度。

问题 11：

你最近晋升管理岗，底下有十名下属，你原本的工作落到最资深的杰西身上。你以前做得出色，而你希望杰西也能延续下去。在新的职位上，你第一件事会做什么？

(a) 花时间仔细监督杰西所做的一切，确保他也能做得很好。

(b) 再设置一个新岗位，作为杰西的领导，这个人要跟你汇报杰西的工作情况。

(c) 与杰西讨论他的长期目标和你的短期需求，他希望从这份工作中得到什么，而你需要他完成什么。然后一起安排每周工作计划。

(d) 积极在自己的上司面前表现，不去管杰西，因为你相信他只靠自己也能做得很好。

问题 12：

你在假日酒店工作，由于正值暑期旅游旺季，所以酒店有一百多名暑期兼职工，负责随时提供池畔饮品和冲浪教学课程。然而，今天下了一场大暴雨，游客大幅减少，工作人员都闲着没事坐在一旁。身为经理，你会怎么做？

(a) 想办法找事给他们做。即使泳池边的躺椅已经清洗过，却还是要他们多洗几遍。

(b) 召集大家进行顾客服务技能培训。何不趁这个时候学习一些有用的东西呢？

(c) 让大家开心享受泳池酒吧、打扑克牌，而你自己跑去享受酒店 SPA 按摩。

(d) 跟员工聊天，打听他们同事间流传的八卦（关于喜欢或讨厌的人），自己也分享一些有趣的事情，让他们更愿意对你敞开心扉。

问题 13：

下属凯特抱怨你太紧迫盯人，她说："你一小时内就发了四封邮件给我，我如果要一直回复你的邮件，怎么有时间完成工作？"你会如何回应？

(a) 告诉凯特，如果她做得够好，你也不必一小时提醒她四次。

(b) 马上把凯特换掉，换成一个会尊重你的人。然后第一天就给那个人下马威，让他知道凯特为什么会有这样的下场。

(c) 和凯特坐下来谈一谈你对她的期望，了解她完成这些事情需要多少时间。显然，你们没有沟通、协调好彼此之间的想法。

(d) 尴尬地避免目光接触，找个借口将凯特撵出办公室，避免正面冲突。

问题 14：

你最近被繁重的工作压得喘不过气，不仅要监督十五名直属下属的情况，还要负责筹备管理层的聚会活动。你的一名下属凯文来到你的办公室，想帮你分担一些工作。

虽然你不太了解凯文，但大家对他的评价都很不错——主动积极且冲劲十足。他提议要帮你训练新人，这时候你会怎么做？

(a) 跟他道谢，然后交给他一份待办事项列表，包括到干洗店取衣物、送你女儿去足球课。因为你正需要一个私人助理。

(b) 委派一些任务给他，像是检查书面报告是否有语法上的错误，但绝不会让他来主持会议。

(c) 叫他做好自己的事就好！一想到要把权力交给底下的人，你就极度不安。

(d) 请他来培训新人，每个月固定找个时间跟他讨论每个新人的表现。他也曾经历过新人阶段，所以知道要如何给予指导。

问题 15：

你在芝加哥工作，管理二十名下属。你的上司一天到晚要你做这个做那个，还派你去新加坡出差两个月，回来之后，你发现自己完全搞不清下属现在的工作进展。这时候你会有什么行动？

(a) 你感到惊慌失措，想赶紧重新拿回对下属的掌控权，让他们搞清楚谁是老大。

(b) 什么都不做。对你来说，没消息就是好消息。大家如果有什么事情，会主动跟你报告。

(c) 主动与下属联系，了解每个人的项目进展状况。已经进入最后确认阶段的项目有必要给予更多指导。

(d) 怪罪上司害你落得这样的处境。要不是因为他，你也不会如此跟大家脱节。

问题 16：

最近你工作上进度落后，有人抱怨之前交的报告已经在你桌上放了两个月；还有人不满每次跟你安排好会议时间，你却在每次开会时还在忙别的事。他们说得没错，你也觉得自己忽视了身边重要的工作伙伴。你会怎么做？

(a) 下次有人向你寻求建议时，将他们与团队中能提供帮助的人联系起来。这样他们就能互相帮助，你也能省下许多时间。

(b) 呼吁大家少抱怨。你写了一封长长的邮件，详细说明你有多忙，要他们别来打扰你，等你忙完会去找他们。

(c) 什么也不说，但在社交网站上抱怨公司里尽是只会索求而不愿付出的人。

(d) 请大家列出优先事项列表，说明哪些事情需要你马上做决定、哪些事情可以慢慢来，你再照着这个清单来安排工作。

第一部分：分数计算

▼

圈出你每题所选择的答案，对照下边栏目，然后将每一栏圈出的答案个数相加。每个选项得1分。请注意，答案不一定会分属四个类别，有些答案可能会归入同一个类别。

题号	敷衍了事的人	典型的混蛋	阴险狡诈的骗子	理想的同事
1	c	a	d	b
2		a	d	b 或 c
3	c		a 或 b	d
4		a	b	c 或 d
5	b	a 或 d		c
6	a	d	b	c
7		a 或 c	b	d
8	c	a	d	b
9		a 或 b	d	c
10	a 或 d	b		c
11	d	a 或 b		c
12	c	a	d	b
13	d	a 或 b		c
14	d	c	a	b
15	b	a 或 d		c
16		b	c	a 或 d
最高得分	11	15	11	16
你的分数	_____	_____	_____	_____

敷衍了事的人

你在职场生存的原则就是不干涉，既不想成为问题，也不想负责解决问题。在职场上遭遇挫折时，你会忍住情绪，几乎不会直接对抗那些偷你点子、在背后议论你或在主管面前不尊重你的人。身在问题重重的团队中你也无能为力，让大家重回正轨并不是你的责任。

身为主管，你认为没消息就是好消息。大家真有什么问题，会主动来找你。就算有人向你提出问题，你也会把他们打发走，然后继续装作没事发生。

这种人很有可能变成搞不清楚状况主管和搭便车惯犯，这两种类型的麻烦人物都喜欢在困难时期"失踪"。

典型的混蛋

你具备了职场恶人的典型特征。不仅会用造谣抹黑或让人反目成仇之类的手段来打击竞争对手，抓住任何能为你带来竞争优势的机会，还会控制那些过度依赖你的软弱主管，要求他们照你的意思行事。

这种人最有可能成为职场恶霸和什么都要管大师，这两种类型的麻烦人物不太会隐藏自己的恶劣行径，大家通常都能很明显看出他们就是想要掌控一切。

阴险狡诈的骗子

你是手段更加高明的职场混蛋。私底下道人长短、说人坏话，或利用别人的弱点来达到自己的目的——往往在暗中进行，借此保护自己的声誉。你这么做可能是因为你处于竞争相当激烈的环境之中，所以需要用这些手段力争上游。

如果你是主管，大家应该都很怕你，虽然可能不会明说，但从人才流失的速度就能看得出一点端倪。

这种人大多是媚上欺下者、功劳小偷和职场心理操纵者，这三种类型的麻烦人物很会伪装，在有权有势的人面前是优秀员工，在无权无势的人面前飞扬跋扈。

理想的同事

即使处境艰难，你也会尝试站在他人的角度思考与处理彼此的问题。面对冲突时，你不会逃避，尽管很难开口，还是会努力想办法与对方沟通。

你不会把所有事情的主导权紧握在自己手上。如果担任管理人员，也不会让管理沦为控制。忙不过来时，你会愿意接受帮助，让下属来告诉你什么事情需要优先处理。

第二部分：答案详解

▼

问题 1

(a) 典型的媚上欺下行为。你可能只是想让老板留下深刻印象，却会因此树敌。

(b) 选得好！纠正杰克可能很尴尬，但至少你把伤害程度降到了最低。

(c) 你可能不想表现出一副自以为是的样子，但别人如果确实做错了，一般都会虚心接受指教。

(d) 这是另一个媚上欺下的例子。背地里跟老板打小报告，而不愿给予新同事支持和帮助。

问题 2

(a) 这会显得你胜负欲太强，实在没必要这么做。将自己与他人过度比较是典型的媚上欺下者。

(b) 你有时难免会想探听一下"敌情"。丽娜应该不会告诉你，但问问也无妨。

(c) 闭口不谈在这种情况下非常合适，不是每个人都喜欢谈论和金钱有关的话题。

(d) 犯规！太狡诈了，这是经验丰富的媚上欺下者会做的事情。

第 3 题

(a) 这是典型的职场恶霸会有的行为，强行要别人照自己的意思行事，并想借此来为自己的未来铺路。

(b) 混合了职场恶霸和媚上欺下者两种类型。这种方式恐怕会让大家互相比较，助长不必要的竞争风气。

(c) 选择不干涉完全没问题。不过要小心，如果每个人都这样行事，那就什么也做不了。

(d) 好策略！既能带领团队前进，又不会过分掌控。

第 4 题

(a) 典型的媚上欺下行为。没有必要刻意破坏上司对凯文的印象。

(b) 基本上也算是媚上欺下的行为，但更高明一些。不过，小心你找的对象，尽管这种策略看似比直接找直属上司更"安全"，但你不能确保这一位高管不向其他领导提起你有意抹黑凯文的事情。

(c) 在这样的竞争环境中是个好方法。

(d) 不去干预也是一种适当的策略。

第 5 题

(a) 这么做乍看很合理，但你最好不要预设立场，"功劳给错人"有很多可能的原因，大家不一定是故意的，可以试着沟通，而不要劈头就是责怪。

(b) 在这种情况下，你也不能毫无作为，持续累积不满情绪，最终会导致你无心工作。

(c) 这个方法很棒，尽管诉说自己的心声难免有些别扭。着重于你对这件事的看法，并听听大家的观点。提供解决方案也有助于防止同样的事情再度发生。

(d) 我并不建议你这么做，你们可能会对到底是谁的贡献争论不休，让下次会议陷入尴尬的气氛，而且也无法避免这种问题再度发生。

第 6 题

(a) 你可以等派对结束后再来处理，但一直忽视她的感受对处理你和她的关系没有任何帮助。你即使没有窃取她的创意，也要好好谈谈以消除彼此想法上的分歧。莉莉的话可能对你没有太大的影响，但她还是有办法损害你的名声。

(b) 这种做法实在太阴险，只有够厉害的功劳小偷才办得到。

(c) 虽然会感到不自在，但这确实是个好主意。记得讨论彼此的隐性劳动，这些默默承担的工作往往是我们对功劳分配的看法有分歧的主要原因。

(d) 与选项 (b) 一样，这种策略非常阴险狡诈，也很危险。因为你永远不知道他们会不会站在莉莉那边。

第 7 题

(a) 这种策略很蛮横无理，仗势欺人在短期内或许能奏效，但有一天，凯文也可能爬到你头上。

(b) 你懂得如何利用上司。虽然最后能赢来办公室，但同时也损失了声誉。

(c) 越级投诉应谨慎行事；从长远来看，让两位领导变成敌对关系对大家都不是好事。

(d) 好主意！询问对方的意愿，而非直接要求，并提供一些有用的东西作为回报。

第 8 题

(a) 很高兴你愿意帮忙，但这是典型的职场恶霸行为。凭借着别人所没有的技能，让团队对你产生依赖。

(b) 选得好！让大家也熟悉如何处理是好的开始。通过这种方式，你不仅能运用自己的专业知识，之后还不用花太多时间在这上面。

(c) 逃避不是办法。如果你的工作量已经超出负荷，那么你可以拒绝完成这项任务，但你应该推荐几个适合的人选。

(d) 这完全就是职场恶霸的行为。要你接下这份工作就得给你这么大的权力，实在太独断专横了。

第 9 题

(a) 这是个坏主意。搭便车行为不该这么延续下去；别人这样对你，不代表你就要用这样的方式惩罚新的团队成员。

(b) 你的观念正确，但这种方式可能适得其反。排名只会激励表现最好和最差的人，如果主管采纳了你的建议，让排名垫底的人拿不到奖金，同事之间的竞争也会变得非常激烈，滋生更多不良行为，大家都会为了获得更好的排名而不择手段。

(c) 好方法！这就是所谓的"公平性检查"。

(d) 这不是正大光明的手段，在大家都不知情的情况下把事情
丢给别人做，还假装是自己完成的，就是典型的搭便车行
为。你要小心，虽然短期内可能不会有人发现，但总有一
天会被揭穿。

第 10 题

(a) 主管的态度太过放任。员工可能不会再跟你抱怨，但肯定
会对你有怨言。

(b) 虽然能暂时解决问题，但会营造出不准犯任何错误的氛围，
员工可能什么事都会瞒着你，就算犯了错也不敢承认。

(c) 很棒的策略！你马上就会知道谁在替艾琳承担责任，有助
于直接解决问题。

(d) 乍看起来好像有道理，但因为一个人犯错就处罚所有人，
长久下来可能会累积许多不满情绪，大大打击员工士气。
而且这不一定能阻止艾琳继续搭便车，她还是可以找机会
用花言巧语说服别人帮她达成她的销售额。

第 11 题

(a) 这种做法就是典型的微观管理。有时我们会放不下以前的
工作，希望接手的人也能做得很好，就有可能求好心切、

过度干预。

(b) 太多层级的督导管理也容易导致微观管理。如果这个中层管理者除了监督杰西外无事可做，可能就会因为太闲而鸡蛋里挑骨头。

(c) 就彼此的需求沟通对话，能确保双方的目标一致，也能让你们对工作进度达成一定的共识。

(d) 主管这样做属于过于放任。只在意自己的前途而弃下属于不顾，往往会搞不清楚下属的工作状况。

第 12 题

(a) 想不到还有什么事情可以叫下属做，硬是没事找事，这就是微观管理。

(b) 很棒的方法，善用时间，又很有创意，有助于他们学习新的技能。

(c) 你真有趣！不过说真的，这不是个好主意（尤其是饮酒部分），留待下班后再办派对狂欢吧。

(d) 恐怕不太恰当。别忘了，你和下属间存在一定的地位差距，就算跟他们聊天，也不一定听得到真心话。

第 13 题

(a) 这是常见的微观管理行为。因为凯特抱怨的口气太强势，所以你马上做出自我防卫反应。面对你的反击，她可能愤而离开并"筑起高墙"。相反地，应试着清楚地说明为什么你觉得有必要经常提醒她，并询问她需要什么帮助才能有效完成工作，从而避免沟通陷入僵局。

(b) 非常糟糕的应对方式。你不应该因为别人诚实地建言就开除他们，而是要让他们知道如何更恰当地提出批评（请见"什么都要管大师"一章）。

(c) 很好的做法！了解你们的分歧所在，才有办法解决微观管理的问题。

(d) 逃避不是办法。躲得了今天，躲不过明天，之后还是会遇到同样的问题。

第 14 题

(a) 这是在剥削下属，这些跑腿打杂的事情无益于凯文的职业发展。而且这可能会让他天真地以为，只要答应你的所有要求就能获得升迁机会，但其实工作表现杰出与否才是关键。

(b) 好主意！这些事必须跟工作有关，而且你也会仔细地监督。

(c) 这不是长久之计。优秀管理者必备的领导艺术在于能够适时接受帮助，如果全部都想自己包办，总有一天你会撑不下去的。

(d) 这种策略有风险。如果他是媚上欺下的那种人，那你可能就无法公正客观地评价新人的工作表现。

第 15 题

(a) 典型的搞不清楚状况主管——长时间放任不管，然后突然介入来展现自己的权力。

(b) 主管这样做太消极、被动了。别以为没人提出问题就天下太平，大家可能只是不跟你说罢了，因为知道就算说了也无济于事。

(c) 做得好！在最后确认阶段需要最多的关注，知道谁现在最需要帮助，你就能排定处理的优先级。

(d) 把责任推卸给别人当然很轻松，但并不能解决问题。不妨与上司好好沟通，但要注意说话的方式与态度（"什么都要管大师"和"搞不清楚状况老板"这两章有具体的建议和指导）。

第 16 题

(a) 好方法！如果这件事值得你花时间帮忙，通过这样的居中牵线，你的时间就不会完全被时间小偷占据。

(b) 虽然得以一吐为快，但你写这封邮件的时间本可以用来审阅报告。这无法从根本上解决问题，你还是没有把时间花在身边重要的工作伙伴身上。

(c) 在社交网站上抨击同事绝不是个好点子。根据美国求职网站的调查，约 70% 的雇主会通过社交网站筛选应聘者，约三分之一的雇主曾因发现其中某些内容而解雇或谴责员工。这么做有可能让你丢了工作！

(d) 也是个好方法！你可能毫无头绪，就让大家来帮助你重回正轨。

测验（二）

▼

我是职场上可靠的盟友吗？

大多数人都遇到过职场混蛋，你或许不一定是受害者，也有可能是旁观者。这个测验将帮你评估当看到身边同事遭遇麻烦时，你是如何回应的，看看你自己算不算得上是职场上可靠的盟友。如果不是，你可以分析一下自己是哪种不靠谱的同事：道德标榜者、戏剧性救世主，还是冷眼旁观者。

和前一个测验一样，这个测验分为两个部分。第一部分包含了计分表，以及对测验结果的说明。第二部分则是答案详解，我会进一步解释我设计每个答案的逻辑。

我很喜欢请别人以我的角度来回答这些题目，大家认为我是什么样的队友，他们的回答跟我对自己的看法一致吗？会不会有人觉得我是可靠的同事，而又有人觉得我是冷眼旁观者？通过他人来认识自己在职场上的不同面向吧。

问题 1：

你的主管最近忙得焦头烂额，所以她将与新员工进行一对一面谈的工作交给一位资深的同事史蒂夫。然而，史蒂夫有阴暗的一面，他为了成功可以不择手段，如果对哪个新人看不顺眼，就可能会跟主管乱说他的坏话。你和史蒂夫并无交集，他也没有直接惹到你。你会有什么行动？

(a) 无视史蒂夫和新人之间的纷纷扰扰，这不关你的事。

(b) 在公司内部沟通平台上讲述这个问题。不指名道姓也不谈太多细节，但表明你会支持遭到职场霸凌的受害者。

(c) 私下向主管表达你的担忧，让他知道你还是新人时，能直接跟主管沟通对你的帮助有多大，即使每周只有十五分钟也好。

(d) 警告史蒂夫如果敢乱来，你就会公布他去年万圣节派对的糗照。

问题 2：

你是一家冰激凌公司的经理，带领一个 12 人的团队，负责开发新口味冰激凌。大约在工作一个月后，你团队的新成员梦娜跟你抱怨说，香草鸡尾酒冰激凌的点子是

她想出来的，却被泰勒（团队资深成员）据为己有。然而泰勒对这一指控嗤之以鼻，声称梦娜只是提出了"香草"的部分，这个口味的其余元素都是她自行补充的。这时你会怎么回应？

(a) 与泰勒、梦娜和团队其他成员坐下来讨论贡献的重要性。显然团队在沟通上出了点问题，他们可能需要采用更正式的流程来记录谁做了什么。

(b) 要他们别吵了，现在可没时间让他们争论不休。

(c) 写一封邮件给团队所有人，长篇大论地讲相互支持和重视协作有多重要，每名成员都应该牺牲小我来成就团队的大我！

(d) 召开团队会议，责备泰勒欺负后辈。她已经在这个团队待了很久，应该更明事理。

问题 3：

最近在会议上，同事汤姆总是滔滔不绝，虽然有十个人参与会议，但几乎有大半时间都是他在发言，而且他讲的内容大多与会议计划无关，大家似乎也都没办法打断他。你会怎么做？

(a) 打断汤姆，说你已经听腻他讲话，其他人肯定也是。

(b) 不做什么，忍一下会议很快就结束了。

(c) 先按兵不动，会议结束后再找几个人一起制订计划，想想下次汤姆又讲到停不下来时，可以如何互相帮忙，让大家都有机会发言。

(d) 举行沟通大会，让大家能聚在一起讨论自己对汤姆这种行为的感受。

问题 4：

你所在的公司想挖孙敏的墙脚——她是业内顶尖的分析师。孙敏实在太厉害了，所以你们公司愿意用高薪把她从竞争对手处挖来。你认为最佳策略是什么？

(a) 想尽办法挖她墙脚，不管她接下来表现如何都没关系，只要她不再继续在其他竞争对手公司任职就好。

(b) 聘请她并采取一些措施，每六个月评估一次她的表现。如果她不愿接受公司的定期考核，那就要特别注意了。

(c) 聘请她，然后让她加入干劲十足的团队，要求她和其他人一样积极努力。如果她没有做到，你就在团队面前教训她。

(d) 聘请她后，让她成为"品牌大使"，她不必做什么工作，只需负责充当"门面"的角色，树立起公司的专业形象。

问题 5：

由于项目截止期限逼近，你们团队开会时总是一团混乱。五个人围坐在桌子旁，尽可能地抛出想法，一个人负责在前方白板上写下这些内容。上次会议结束后，同事史丹利找你诉苦，说他提出许多好点子，却都没有被写在白板上。史丹利工作能力很强，但性格比较内向。为避免这样的情况再次发生，你会怎么做？

(a) 建议每二十分钟暂停一下，将目前产生的想法和提议人记录下来。每次会议都由不同人轮流负责汇整，这样就不会造成某些人负担加重。

(b) 下次会议一开始就先请大家多多关注史丹利，他感觉自己的想法不受重视，这是不对的。

(c) 告诉史丹利，如果他希望自己的意见能被听到，就要为自己挺身而出。他的想法没有出现在白板上并不是你的责任。

(d) 这个问题并不急迫，暂时放着不要紧，留待下次公司聚会时再来谈谈"让所有意见都得到重视"的重要性。

问题 6：

鲍伯跟你是不同团队的。有天，他因为新实习生温妮把事情搞砸了，导致他在众人面前难堪。后来你发现温妮

躲在洗手间偷哭，因为鲍伯把一大堆工作都丢给她，让她不堪重负。此时你会怎么办？

(a) 装作没看到，你讨厌职场的戏剧性冲突。

(b) 给温妮一个大大的拥抱，提议下班后带她去喝酒。你很愿意陪伴在一旁给予安慰，但你没有干涉的打算。鲍伯的实习生就该留给他自己处理。

(c) 把鲍伯拉到一旁，问他为什么要把自己负责的工作丢给温妮，如果他觉得目前的工作负荷过重，你可以帮他跟团队讨论该怎么改善，而不是让温妮来收拾他的烂摊子。

(d) 让温妮参与下一次团队会议并请她诉说她的遭遇，同时在她身边给予满满的鼓励和支持。

问题 7：

马歇尔是你在公司的好朋友。虽然你们分属不同主管，但你们还是会经常互相寻求建议。然而，最近马歇尔变得非常孤僻，你去他办公室想看看他是否一切顺利，无意中听到马歇尔跟他主管的谈话，主管说他们所做的事皆须"保密"，如果他透露出去，他们俩的职业生涯都将毁于一旦。你觉得事有蹊跷，这时候你会如何处理？

(a) 告诉马歇尔你希望能像以前一样常联络，而且你很担心他目前的状态。你不会勉强他告诉你发生了什么事情，而是准备一份名单给他，告诉他可以跟这些值得信任的人讨论感受。

(b) 安安静静地溜走，回到你的办公室。这显然是他们的私密谈话。

(c) 马上寄信给你的直属主管和高阶主管，表达你对马歇尔的担忧，告诉他们你听到的一切。

(d) 成立"反对职场孤立和虐待行为"的权益小组，邀请马歇尔加入。如果他愿意，可以请他分享自己的故事。

问题8：

同事芬恩似乎快被逼疯了，他的直属主管常常前一刻刚交代完事情，下一秒就来关心进度。芬恩的工作时间比其他人都长，但他很多工作到了截止日期都还交不出去。他向你请教如何与控制狂主管打交道。你会给他什么建议？

(a) 要他躲起来。关掉办公室的灯假装不在，主管应该就会转向其他目标。

(b) 建议他找主管聊聊。面对控制狂主管，比较好的策略是以大局为目标展开对话，不仅要分享自己的目标，还要听听主管的目标，彼此做事的步调才会越来越趋于一致。

(c) 叫他不要委曲求全。即使主管可能不理会，也要明确表达自己的感受。

(d) 向高层报告之前，先问问芬恩的主管的其他下属，了解这个问题的严重程度。

问题 9：

摩根是五个月前与你同期进公司的同事，但你们分属不同主管。你的主管会适时提供指导与培训，但摩根的主管几乎不曾关心他的状况。自入职以来，摩根只见过主管一次，当他在工作上遇到困难时只能自己想办法。面对摩根的求助，你会如何回应？

(a) 给摩根一些建议，希望能帮助他获得更多关注。可以先从比较小的事情开始，接下来两周安排一次与主管的三十分钟会议，请他准备好需要帮助的几个问题（不超过三个），以免主管因为压力太大而变得更加逃避。

(b) 不给摩根建议，而直接询问你的主管是否能把摩根调到你们团队。

(c) 购买几本职场自救书送给摩根，拍下他阅读这些书的照片，然后发文分享到自己的社交账号，并加上许多巧妙的主题标签，大力赞赏摩根的努力。

(d) 你也无法改变什么。你如果碰到这种主管，应该会考虑换
工作。

问题 10：

你与主管一起工作了好几年，你们的关系很好。因为他很用心带你，所以你晋升得很快。随着消息传开，大家都知道他是愿意倾囊相授的好主管，争相来请他帮忙或寻求建议，最近他大部分时间都在帮助这些人，忙得不可开交，没有多余心力照顾自己团队的人。团队中的新同事简跟你抱怨说她都没有主管适时从旁指导。你会如何应对这种情况？

(a) 在社交媒体上赞美主管多么热心又无私，并且标记主管，
但私底下偷偷抱怨。

(b) 询问主管是否需要帮忙回应那些不请自来的人，这样主管
就能腾出时间多关照简，你也能接触到各式各样的人并提
升管理技能。

(c) 直接去找那些不断骚扰你主管的人，要他们别再来找麻烦。
你相信主管心里也会非常感谢你的。

(d) 主管想怎么做是他的决定，叫简自己看着办。

第一部分：分数计算

▼

圈出你每题所选择的答案，对照下面栏目，然后将每一栏圈出的答案个数相加。每个选项得 1 分。

题号	道德标榜者	戏剧性救世主	冷眼旁观者	可靠的盟友
1	b	d	a	c
2	c	d	b	a
3	d	a	b	c
4	d	c	a	b
5	d	b	c	a
6	b	d	a	c
7	d	c	b	a
8	c	d	a	b
9	c	b	d	a
10	a	c	d	b
最高得分	10	10	10	10
你的分数	___	___	___	___

道德标榜者

你会在公司聚会上发表演说，或在社交媒体上发文力挺对方，这些行为虽然看似有帮助，但实则无法真正改变现状。比起实质性帮助，你更喜欢公开声明支持，尤其是在推崇友善支持的职场环境中。

或许你可能亲眼看见了某些不当行为，但你会别过头装作没看到。因为蹚进浑水里对你来说并不值得，还有可能造成你自己社会资本的损失。尽管你总是公开表示支持，让公司新人误以为你私下也会支持他们，但其实你并无此意。说实在的，你就是个危险的假面盟友。

戏剧性救世主

你有副好心肠，不过救援手段太过戏剧化。即使在公共场合也会毫不犹豫地介入，为受害者仗义执言，严厉谴责不当行为，把加害者羞辱得无地自容。

虽然我们都想看恶人尝到苦果的模样，但你的方法有时候反而会助长冲突。有些受害者还没有准备好敞开心扉，却被你赶鸭子上架；有些则是还不确定自己的立场，他们会感谢你见义勇为，却有可能因此受到孤立，最后导致他们在职场上只有你一个朋友。

冷眼旁观者

在你看来，既然不是你遇到的问题，那就没必要去插手。你是自己慢慢摸索出怎么与讨厌的人相处共事的，其他人应该也做得到。你会纵容团队中的搭便车者和职场恶霸利用同事——反正严重到一定程度，会有其他人介入帮忙。目睹有人被欺负时，你可能会提供一点建议，但不怎么帮他们发声。

也许是因为你在职场上也还没站稳脚跟，不想给自己惹麻烦，或是因为工作忙到分身乏术，所以你选择对旁人的困境冷眼旁观。

可靠的盟友

看到同事有难，你会适时出手协调和提供建议，帮助受害者拓展人际网络，结识更多能给予他们协助和保护的人。你知道当众斥责会让人挂不住面子，冲突可能不减反增，所以不会大肆宣扬、公开表态支持受害者，而是会通过会议，找相关人士一起真诚、敞开心扉地进行沟通。

你发现自己经常充当调停者的角色，帮助工作中有冲突的两个人解决问题。上司也喜欢有你在身边，因为你总是能巧妙地化解人际冲突而不会让人觉得你故意偏袒哪一方，达成皆大欢喜的结果。你如果还只是普通员工，应该很快就能升上管理层。

第二部分：答案详解

第1题

(a) 虽然现在与你无关，但你无法保证史蒂夫将来不会用同样的手段对付你。

(b) 这不是个好主意。如果你这么做，就没有人想要解决问题，而是纷纷猜测你所指何人。

(c) 因为这件事情与你无关，所以不便过度插手干涉。通过这个方法既能向主管提出自己的疑虑，又不用说史蒂夫的坏话。不错的选择！

(d) 恐吓通常无法改变人们的行为。一旦用来威胁的东西消失，不良行为就会再次出现。所以史蒂夫的糗照威慑力应该撑不了多久。

第2题

(a) 很棒的方法！偷别人点子的指控在职场中很常见；把记录贡献的做法确立下来，之后就省事多了。

(b) 主管难免想让底下的人自行处理这些冲突，但这种策略只有在团队能处理得当的情况下才有效。在这种情境中，泰勒可能还是因为比较资深而获得功劳，团队显然还是需要一些指导。

(c) 你看似很关心这件事，但这么做其实对问题的解决没有帮助。

(d) 之后团队若有新的项目讨论时，泰勒可能双手抱胸，不愿提出任何意见。因为公开责备的做法通常会导致对方不再积极投入工作。

第 3 题

(a) 这种严厉的做法可能可以让汤姆马上闭嘴，但也（在不经意间）会让其他与会者降低发言的意愿，以免遭到你的羞辱。有你在的时候，新同事和那些觉得自己没有话语权的人更加不敢提出想法。

(b) 这么做是没错，但如果以后还是让汤姆主导会议，只会继续浪费时间。

(c) 这种方法能在不让汤姆出丑的情况下停止其发言，也能鼓励更多人提出自己的想法，一举解决两个问题。

(d) 通常是广泛存在于职场上的问题才需要举行沟通大会，若只因一个讨人厌的行为就这么做，实在有点大费周章。

第 4 题

(a) 这种策略乍听起来还不赖，但效果可能适得其反。若没有适当的考核机制，孙敏入职之后很难保持积极心态。

(b) 好主意。让孙敏一直顶着光环十分危险，你还是要采取一些措施来确保孙敏能达到该有的工作表现。如果她不接受考核，你们也能有所准备。

(c) 孙敏的加入可能会让团队神经绷紧。

(d) 这是典型的道德标榜者会做的事，你想让所有人知道孙敏有本事！但大家可能更想看看她会如何发挥本事。

第 5 题

(a) 会议的过程中发生混乱有时无可避免，这种策略能让大家放慢脚步，确保众人在目前的议题上有共同认知。像史丹利这样比较内向的人也能趁此机会分享他的感受。团队也能重新思考怎么让所有人的发言都能被听见。

(b) 可怜的史丹利！你当众把这件事说出来，会让他感到很难为情，结果就更不敢提出意见了。

(c) 很多人不好意思打断别人发言，所以迟迟找不到说话时机。这种策略对不善言辞且内向害羞的人并不适用。

(d) 等到下次聚会再讨论就太迟了，而且专门讨论这个议题似乎只有空谈而无实际的行动。

第 6 题

(a) 我可以理解你为何想这么做，但其实你可以借这个机会了解鲍伯遇到了什么样的难题，为什么会把工作丢给实习生。放任这种行为继续下去，可能不只影响温妮，也会连带把整个团队拖下水。

(b) 你的行为会让温妮误以为你支持她，其实这对她的处境并不是好事。她需要真正会伸出援手，而非假装关心的人。

(c) 与鲍伯私下交谈是正确的做法。他把自己的工作推给别人做可能是出于私人原因，不便与整个团队讨论。不带批判地针对那些原因去找寻解决方法，也能避免鲍伯急于为自己辩护。

(d) 温妮只是公司的实习生，要她在大家面前说主管的不是，她很可能会因为压力太大而选择离开。

第 7 题

(a) 这种需要小心处理的问题很适合运用这样的方法。关心马歇尔，但没有强迫他敞开心扉，而马歇尔现在可能思绪混乱，想寻求帮助却不知从何着手，你这么做真是帮了他大忙。

(b) 虽然马歇尔的主管说要保密，但你感觉事情很可疑，最好还是小心谨慎地跟马歇尔谈谈。就算是你误解了，也不会造成任何伤害。

(c) 建议你先缓一缓，不要急着跟公司高层报告。如果马歇尔真的被操纵做不道德的事情，那你需要挖掘更多事实真相，同时也要采取措施保护马歇尔。

(d) 这种方法除了让公司更多人知道有这个问题以外，几乎没有其他作用。而且，马歇尔可能还没看清楚事情的真相，不觉得自己是受害者，那么他也不会加入该小组，更不用说和一群同事讨论。

第 8 题

(a) 这样一直躲着也不是办法，芬恩都不用吃饭或上厕所吗？

(b) 这种主管大家都是唯恐避之不及，但你建议对方与主管沟通，做得好！微观管理的问题通常是双方对工作的认知不同，需要通过沟通来相互理解。

(c) 我可以理解你想"炮轰"主管的冲动，但这不太可能改变他们的行为。情绪化的言辞只会让对方产生更多的抗拒及辩解，既无助于沟通，也无法解决问题。

(d) 你没有立场这么做。芬恩可能并不想让身边同事知道这些事，谁知道会不会有人直接去跟主管打小报告？必须由芬恩直接开口，而不是通过八卦流言辗转传到主管耳中。

第 9 题

(a) 对有疏忽型老板的团队，这是很棒的建议。很多人会想马上跟主管约时间开会，但摩根提出未来两周能安排到时间就好，更可能得到主管的回应。对忙碌的主管来说，当周的工作已经排满，根本没时间处理我们的"紧急状况"。

(b) 职务调动通常由上级规划，你和摩根是同级别的同事，这样的举动真的很奇怪。如果你希望摩根来你们团队，应该先跟他谈谈，搞不好他没有这个意愿。

(c) 送给他书是很好，但他最好还是勇敢面对并处理自己碰到的难题。

(d) 这种消极的想法只会让摩根感到更加无助。摩根应该先尝试沟通，而不是直接放弃。

第 10 题

(a) 现在很多人网络上的形象往往与他们的真实形象有一定的差距，职场上最害怕遇到这种人。

(b) 这种方法能为主管节省许多时间，同时你也能为自己积累经验，很棒！

(c) 你应该先问问主管的意愿，而不是擅作主张当他的"保镖"。他可能也很乐于指导他们，你无权干涉。

(d) 尽管你经验丰富，知道如何与主管合作，但不愿意分享。简很快就会去寻找其他盟友。

好运终将如期而至

全书完